PRATICANDO A PRESENÇA

GUIA PARA DESPERTAR A CONSCIÊNCIA
DO PODER DE DEUS NA VIDA DIÁRIA

PRATICANDO A PRESENÇA

GUIA PARA DESPERTAR A CONSCIÊNCIA
DO PODER DE DEUS NA VIDA DIÁRIA

Joel S. Goldsmith

Tradução:
GLAUCIA BRAGA MAGGI

MARTIN CLARET

© *Copyright* 2013 by Acropolis Books, Inc.
Esta tradução de *Practicing the Presence: The Inspirational Guide to Regaining Meaning and a Sense of Purpose in your Life*, foi publicada por acordo com Acropolis Books, Inc.
© *Copyright* desta tradução: Editora Martin Claret Ltda., 2013

Direção	Martin Claret
Produção editorial	Carolina Marani Lima
	Mayara Zucheli
Direção de arte e capa	José Duarte T. de Castro
Diagramação	Giovana Gatti Leonardo
Ilustração de capa	Editha / Shutterstock
Tradução	Glaucia Braga Maggi
Revisão	Vera Maria Valsechi
	Lucimara Carvalho
	Flávia P. Silva
Impressão e acabamento	Bartira Gráfica

Este livro segue o novo Acordo Ortográfico da Língua Portuguesa.

Dados Internacionais de Catalogação na Publicação (CIP)
(Câmara Brasileira do Livro, SP, Brasil)

Goldsmith, Joel S., 1892-1964.
   Praticando a presença: guia para despertar a consciência do poder de Deus na vida diária / Joel S. Goldsmith; tradução Glaucia Braga Maggi. — 1. ed. — São Paulo: Martin Claret, 2013.

   Título original: *Practicing the Presence: the Inspirational Guide to Regaining Meaning and a Sense of Purpose in your Life.*
   ISBN 978-85-7232-981-1

   1. Consciência - Aspectos religiosos 2. Meditação - Cristianismo 3. Vida espiritual I. Título.

13-10823   CDD-248. 4

Índices para catálogo sistemático:

1. Vida espiritual: Cristianismo   248. 4

EDITORA MARTIN CLARET LTDA.
Rua Alegrete, 62 — Bairro Sumaré — CEP: 01254-010 — São Paulo — SP
Tel.: (11) 3672-8144
www.martinclaret.com.br
4ª reimpressão - 2024

SUMÁRIO

Prefácio — 7

PRATICANDO A PRESENÇA

Introdução		15
I	Consciência espiritual	25
II	Manifestando Deus	41
III	Deus, o único poder	53
IV	A infinita natureza do ser individual	77
V	Ame teu próximo	91
VI	Àquele que tem	109
VII	Meditação	123
VIII	O ritmo de Deus	135
IX	Um momento de Cristicidade	149
X	Uma visão para se contemplar	161

Prefácio

Dr. Raul Marino Jr.*

Prefaciar este pequeno grande livro foi a mais auspiciosa incumbência que recebemos desta prestigiosa editora. Trata-se de tradução do inglês, a qual vimos acompanhando na língua original há várias décadas; por nós considerado um dos melhores livros que já tivemos em mãos, lido e relido inúmeras vezes, e que se tornou, nesse tempo, nosso companheiro inseparável de cabeceira; ele, apesar de simples, é um verdadeiro "tratado" de espiritualidade. Possuímos hoje quase todos os livros desse autor (cerca de trinta), alguns ainda não traduzidos para nosso idioma. Meu mestre Huberto Rohden nos introduziu a eles nos idos da década de cinquenta. Todos continuam de grande atualidade! Este, especialmente, que ora analisamos.

Os leitores viverão momentos de perplexidade. Podemos garantir que acharão num livro tão pequeno uma sumária descrição das maiores verdades espirituais em oposição às materiais e físicas. São verdades que já

---

* Dr. Raul Marino Jr. é professor Titular Emérito de Neurocirurgia da Faculdade de Medicina da Universidade de São Paulo, com doutorado em Medicina (Neurocirurgia). Atualmente é professor adjunto do Departamento de Psiquiatria da mesma instituição e autor de nove livros.

estão dentro de nós, cuja missão nossa é descobri-las. Pois esse tipo de verdades só poderão ser conhecidas espiritualmente. Não há outro caminho. Goldsmith se revela como um dos grandes gurus dos tempos modernos; um mensageiro espiritual inigualável, que nos ajuda a conscientizar e revelar a presença do Criador dentro de nós: "A única coisa necessária"; a experiência de Deus, do Deus imanente no homem, que é o mesmo Deus transcendente do Universo. O autor demonstra que o mundo não tem necessidade de uma nova religião nem de uma nova filosofia mas, sim, de renovação e renascimento, quando o Espírito de Deus o elevará a uma nova consciência e a uma nova vida.

Este livro abrirá nossa alma, pois quando o homem tem fé, Deus lhe dá a graça da compreensão espiritual, ou seja, a prova de sua existência que todos buscamos. Os homens ainda não sabem que Deus é amor, que somos reflexo Dele, e que sua sabedoria poderá se tornar nossa própria sabedoria. Somente sua graça nos será suficiente. Nada mais necessitaremos. "Ele está conosco. Isso é tudo que precisamos. Sua graça nos basta". Nossa maior missão será descobrir o homem verdadeiro dentro de nós, tal como Deus o criou. Goldsmith oferece-nos as coordenadas para tanto. Em outro livro ele nos diz: "Deus é uma experiência, e ninguém sabe o que Deus é se não saborear por experiência própria. Deus é a alma, o espírito e a vida de todos os seres. O coração não poderia pulsar nem o pulmão respirar se a vida do Criador não estivesse ou não pulsasse neles". Existe apenas uma consciência coletiva da qual todos fazemos parte: Deus! Toda vida é Deus. Ele é nossa vida porque Ele a criou. Nossa consciência espiritual é a percepção do próprio indivíduo como um ser de Deus. Através Dele todos podemos ter acesso à nossa Alma: pois estamos aqui como parte de um plano divino.

Estamos lendo este livro por termos sido irresistivelmente atraídos para Deus, como diz seu autor. Deus está mais perto de nós do que nossa respiração, mãos e pés! O lugar em que estamos é solo sagrado. A finalidade do livro é nos revelar onde está o Reino de Deus e como alcançá-lo: "Ele está dentro de nós".

Este texto repete muitas vezes o termo "letter of truth", que foi traduzido como a "letra da verdade". Seu significado, porém, é mais amplo, significando a MENSAGEM DA VERDADE, cujo conhecimento agora está ao nosso alcance; aprendemos que o Espírito de Deus está em toda parte, mas isso não é verdade. Ele estará somente onde for percebido. É como dizer que a eletricidade está em toda parte; mas ela só será percebida se for conectada. Nosso único objetivo na vida será conhecer a Deus corretamente para permanecer sempre em sua presença. A mente humana é apenas um canal de nossa consciência, pois a vida não está presente no corpo. Não somos o corpo; somos entidades espirituais num corpo físico que nos é dado por Deus para que Ele em nós se manifeste. Deus é a única fonte. Somos apenas um instrumento para o Pai, uma pequena lâmpada pela qual brilha sua luz.

Deus é amor, Deus é a vida, Deus é o espírito! Apenas o AMOR é a Lei de Deus. Ele nos formou para manifestar-se sobre a terra. O homem é apenas o veículo para que o amor se expresse. Esse é o verdadeiro segredo da vida! Deus é quem plantou em nós o desejo de encontrá-lo. Ele nos dá o dom de acessar sua própria mente que é a infinita inteligência e fonte de toda a vida, verdade e amor. Nada somos até que a Sua Graça nos toque. Deus não está num lugar determinado, mas sim na consciência, está onde nós estamos porque: "Eu e meu Pai somos um", onde estamos Deus está, e Seu Espírito está no homem, e pode ser encontrado através da meditação.

O Reino de Deus está em nós, e na meditação nós o acessamos. Basta ouvir a pequena voz silenciosa dentro de nós: o Espírito que vivifica. Sabemos agora que não estamos sós, somos a nossa consciência. Nossa tarefa será a descoberta do Cristo em nossa própria consciência, pois aquele que procura Deus e o Cristo em sua consciência é porque, na verdade, já o tem. Cristo nunca deixou sequer uma palavra escrita, porém, seus ensinamentos constituem, até hoje, os fundamentos morais, éticos e bioéticos de que toda a humanidade necessita. A meditação (e a oração) é a porta para o mundo da alma. É nossa sintonia com o Reino de Deus.

A fé é uma atividade da consciência. É uma atividade emprestada de Deus e não gerada pelo homem. O que temos é o resultado da frutificação do nosso próprio estado de consciência. Acima de nossa vida do sentido, há o universo do Espírito, governado pelo amor, o qual vive no templo da Verdade; no qual Deus se individualizou como você e eu. Deus é a mente, a consciência e a vida do indivíduo. Somos a imagem onde Deus se torna visível, como Ele se tornou visível em seu Filho entre nós há dois mil anos.

Aquilo que nos constitui é Deus se manifestando como Verbo feito carne. Dentro de nós está a Lei da Vida, e sua conscientização é o nosso suprimento. Ela é a nossa consciência. Essa Lei atua dentro de nós, estejamos dormindo ou despertos, tornando-nos a Lei do Amor e a luz do mundo, o sal da terra: somos vida, verdade e amor.

Deus é o Pai em nós e não uma pessoa, uma entidade separada de nós e do mundo, a suprema, invisível e única Realidade. É a vida nos vivos e a consciência nos conscientes; a inteligência nos inteligentes, o Espírito nos seres espirituais e sua imanência está em todas as coisas: "Eu e o Pai somos um". Não dois. Somos matéria e espírito tornados visíveis. Deus é nosso destino. Somos as ferramentas que Ele utiliza.

Enquanto essas verdades não forem postas em prática, segundo Goldsmith, a "Escritura Sagrada não passará de um livro sobre a mesa, ou ela não será o Verbo realizado. Somos Deus feito carne, sua consciência individualizada. Deus é a vida, a inteligência, a mente, a consciência, a alma, o espírito, a imortalidade e a eternidade de cada um de nós sobre a face da terra. Tocado pelo Espírito recebemos essas revelações que provêm de Deus, permitindo que Ele nos guie. Isso ocorre quando obedecemos ao primeiro Mandamento, e chegará o tempo em que todos ouviremos a sua voz".

Creio ter epilogado alguns dos principais pensamentos deste nosso grande autor.

Raul Marino Jr.

PRATICANDO A PRESENÇA

GUIA PARA DESPERTAR A CONSCIÊNCIA
DO PODER DE DEUS NA VIDA DIÁRIA

*Se o Senhor não edificar a casa,
em vão trabalham seus construtores.*

SALMO 127

A Iluminação dispersa todos os laços materiais e une os homens com cadeias douradas de entendimento espiritual: ela só reconhece a liderança de Cristo; desconhece qualquer ritual além do Amor divino, impessoal e universal; não tem outro culto que não a Chama interior que fulgura eternamente no santuário do Espírito. Essa união é o estado livre de fraternidade espiritual.

A única limitação é a disciplina; conhecemos, portanto, a liberdade sem licenciosidade; somos um universo sem limites físicos, um serviço a Deus sem cerimônia ou credo. O iluminado caminha sem medo — pela Graça.

O CAMINHO INFINITO

Introdução

Somente os que já viveram momentos calmos de reflexão interior ou foram marcados por frustrações, insucessos ou desarmonias e se sentiram levados a refletir longa e seriamente sobre por que a vida deixa tanto a desejar irão escolher este livro para ler. Aqui está a minha experiência e por ela ter me levado a escrever este livro, apenas aqueles que viveram algo semelhante e foram provocados pela mesma questão vão se interessar em ler mais para descobrir o que eu descobri e como isso me beneficiou.

Muitas vezes tive motivos para ficar insatisfeito com o modo de vida que eu levava, a ponto de pensar e refletir silenciosamente sobre a possibilidade de encontrar uma saída. Longos períodos de sucesso e felicidade seguidos de insatisfação e infelicidade levaram-me a períodos cada vez mais longos e frequentes de introspecção, reflexão e contemplação da vida e do que ela significa. Numa dessas experiências, não posso afirmar que ouvi uma voz, mas tive a nítida impressão de que algo me dizia: "Tu conservarás em paz aquele cuja mente está firme em Ti." Devo admitir que essa foi uma experiência surpreendente porque, até então, eu não estava totalmente familiarizado com a *Bíblia*; ela não havia sido uma companheira diária, mas somente uma leitura ocasional.

Com o passar do tempo, outros pensamentos dessa natureza foram surgindo e comecei a perceber que nas *Escrituras* aprendemos:

> Não te estribes no teu próprio entendimento. Reconheça-O em todos os teus caminhos e Ele endireitará as tuas veredas[...]. Aquele que habita no esconderijo do Altíssimo, à sombra do Todo-Poderoso[...] no sossego e na confiança está a vossa força.

À medida que as passagens se desdobravam e se revelavam, fui levado à maior de todas as experiências na qual o grande Mestre, Jesus Cristo, ensina que se permanecermos na Palavra e deixarmos a Palavra permanecer em nós daremos frutos abundantemente e que, na verdade, o prazer de Deus é que prosperemos e frutifiquemos, mas para isso devemos lembrar sempre o que nos diz a *Bíblia*:

> Habite em Mim, que Eu habitarei em você. Habite no Verbo e deixe o Verbo habitar em você. Habite em Deus; viva, se mova e tenha o seu ser em Deus. Busque-O enquanto pode ser encontrado.

Aos poucos me dei conta de que as Escrituras revelam ao mundo que o "homem cujo fôlego está nas narinas", o homem separado e apartado de Deus, não tem nenhum valor, pois ele não é nada. Comecei a entender por que Jesus Cristo disse: "Eu por mim mesmo não posso fazer nada, de mim mesmo não sou nada; o Pai que habita em mim, Ele faz as obras." Entendi São Paulo quando disse: "Eu posso fazer todas as coisas em Cristo que me fortalece" e, então, compreendi o que faltava em minha vida. Estava vivendo uma vida corriqueira. Tudo o que Deus significava para mim era uma leitura ocasional da *Bíblia* e uma visita esporádica à igreja. Então percebi que o princípio da vida, o segredo de uma vida feliz, estava em deixar Deus fazer parte da minha consciência, o que Paulo descreve como "orar sem cessar".

A princípio você pode não entender por que orar sem cessar ou pensar em Deus tem algo a ver com ser feliz, ser bem sucedido ou ser saudável. Talvez você nem sequer perceba qual a ligação que Deus tem com os assuntos mundanos. Isso você só descobrirá através de sua própria experiência porque, independentemente de qualquer testemunho que eu possa lhe dar sobre o que aconteceu na minha vida ou na de milhares de pessoas a quem transmiti este ensinamento, somente a sua própria experiência o convencerá.

Você está lendo este livro por ter sido atraído irresistivelmente para Deus. Há uma compulsão interna para encontrar o que falta em sua vida, aquilo que lhe devolverá seu estado original de harmonia, alegria e paz. O fato de você ter lido até aqui é uma indicação de que isso é o que você está procurando; é o sinal de que você está clamando por plenitude. A partir de agora sua mente vai se voltar para Deus cada vez mais, até que um dia, mais cedo ou mais tarde, ficará evidente que sua vida só será completa quando vivida em Deus e quando Deus nela vive. Nunca mais você se sentirá separado de Deus, porque nunca mais conseguirá ficar por muito tempo sem trazê-Lo para a sua consciência e, de certa maneira, sem Nele habitar.

Pense por um momento no que acontece na mente da pessoa que acorda de manhã e percebe, "Sem Deus, eu não sou nada; com Deus, todos os poderes da harmonia se unem em mim para se expressar"; ou quem medita sobre alguma passagem bíblica como esta:

> Ele cumprirá o que for me dado a fazer[...] O Senhor aperfeiçoará o que me concerne. Para onde irei do teu espírito? Para onde fugirei da Tua Presença? Se eu subo ao céu, Tu estás lá, se faço a minha cama no inferno, eis que Tu ali estás também[...] Sim, ainda que eu ande pelo vale da sombra da morte, não temerei mal algum, porque Tu estás comigo.

Imagine o que significa para um executivo saindo do escritório ou para uma mãe mandando os filhos para a escola, saber que eles não estão sozinhos onde quer que estejam, o Espírito de Deus está com eles e onde o Espírito de Deus está, a liberdade também está. Nunca mais se sentirão sós; nunca mais pensarão que suas vidas dependem inteiramente do que fazem ou do bem e do mal que os outros possam lhes causar. Lembrarão sempre que Deus está mais perto que a respiração, mais perto que as mãos ou os pés. Há uma Presença que vai à frente para aplainar os lugares tortuosos; uma Presença e um Poder que lhes preparam o lugar. Jamais estarão separados do Espírito de Deus enquanto o Espírito de Deus for mantido vivo dentro deles.

Você descobrirá que não importa o lugar em que ore, seja em montanhas sagradas, nos grandes templos de Jerusalém ou em qualquer lugar especial; a verdade é que solo sagrado é o exato lugar onde você está toda vez que contemplar a Presença e o Poder de Deus dentro de você. Isso não significa que não possa continuar a frequentar a igreja ou o templo de sua escolha. Este livro não pretende tirá-lo do lugar em que você desfruta da companhia daqueles que professam a mesma fé que você, nem tem a intenção de lhe sugerir um novo local. A finalidade deste livro é revelar o Reino de Deus, mostrar onde ele está e como alcançá-lo. O Mestre disse: "O Reino de Deus não está nem aqui, nem acolá, mas dentro de vós". Você aprenderá, através deste livro, que o Reino de Deus se estabelece no momento em que se começa a contemplar a Presença e o Poder de Deus dentro de nós.

Deus é! Disso você pode ter certeza. Contudo, isso só se torna verdade na sua vida à medida que você contempla, medita e mantém sua mente firme em Deus, vivendo, agindo em Deus, compreendendo, conscientemente, que Ele nunca o deixará nem o desamparará. A graça de Deus lhe basta, mas ela só tem efeito na sua vida se você a contemplar. Se você vive conscientemente na compreensão de Deus e deixa esse conhecimento habitar sua mente e seu coração, você nunca está só. O lugar em que você está é solo sagrado, pois Deus está sempre com você, o acompanhando e amparando.

Toda pessoa insatisfeita, carente e frustrada, algum dia irá em busca do elo perdido para que sua vida seja harmoniosa. Descobrirá a prática da Presença de Deus de maneira consciente, habitando em alguma grande Verdade central das *Escrituras*, sejam elas cristãs, hebraicas, hinduistas, budistas, taoístas, muçulmanas. A Palavra de Deus foi dada ao homem através de seres iluminados, santos, sábios, videntes, profetas; precisamos dela, não importa em que idioma, para ter contato com a Verdade.

Viajo há quase cinquenta anos e encontro paz, alegria e companheirismo em todos os lugares. Acredito que a razão de eu desfrutar de tão boas experiências em todo o mundo seja porque carrego comigo a grande Verdade dada a nós pelo Mestre: "Não chamais nenhum homem de vosso pai sobre a terra, porque um só é o vosso Pai, que está nos céus". Essa Verdade é o meu passaporte, o abre-te sésamo para a liberdade e a alegria em todos os países, pois onde quer que eu vá, conscientemente, lembro-me de que Deus é o Pai, o princípio criador, a vida de todos com quem entro em contato. Ninguém pode mudar o fato de que qualquer que seja o nome, a nacionalidade, a raça ou o credo existe somente um Deus, um Pai, e somos todos filhos do único Pai; mas essa Verdade serve apenas àqueles que, conscientemente, dela se lembram, nela acreditam e confiam.

Ao longo de minha vida conheci a abundância e a escassês. Sempre que houve falta de qualquer tipo, plenitude, harmonia, saúde, tudo me foi restaurado através da compreensão de que "nem só de pão vive o homem, mas de toda palavra que procede da boca de Deus[...] Um alimento tenho para comer que vós não conheceis". Você já se perguntou o que o Mestre quis dizer com essas palavras? Passei semanas, meses e até anos meditando sobre elas, até que entendi o seu significado. Compreendi que Ele estava falando sobre uma substância interior; não que o pão não fosse alimento para Ele, mas se tivesse coisas mais importantes a fazer, Ele se sustentava com outro tipo de pão.

Após os anos que passei neste trabalho, posso afirmar que a carne, a água, o vinho e o pão da vida todas essas coisas se tornam uma experiência concreta exclusivamente através da comunhão interior. Elas não podem ser trazidas do exterior para o interior. Nem mesmo a leitura das *Escrituras* fará isso por você. Somente saboreando a Verdade da *Bíblia* e a interiorizando em meditação será possível transformar as palavras comuns em Palavras de Vida, o pão, a carne, o vinho e a água da vida.

A verdade espiritual da *Bíblia* só tem poder quando é trazida para a consciência e nela mantida viva. Não sou eu quem diz isso; os mestres nos disseram que devemos ficar em paz mantendo nossa mente firme em Deus e que, se habitarmos na Palavra de Deus e deixarmos que Ela habite em nós, daremos frutos abundantemente. A Palavra de Deus em forma de água, pão, vinho e carne é o alimento necessário ao fruto que se apresentará externamente como saúde, harmonia e plenitude.

O pão da vida, a carne, o vinho, a água são formados dentro de nós através da contemplação de Deus, das coisas de Deus e da Palavra de Deus. São formados pela comunhão com o Espírito de Deus que habita dentro de nós. Hoje, poucas pessoas conseguem passar horas se dedicando à literatura espiritual ou em comunhão interior. Porém, o desejo sincero de conhecer a Deus garantirá o sucesso no caminho espiritual.

A mensagem deste livro não é pessoal; é a sabedoria antiga de que o homem não viverá só de pão, mas de toda palavra que reviver na sua consciência, isto é, cada palavra e pensamento de Deus guardados dentro de si. Vivamos de acordo com isso. Quando tentamos viver sem Deus, usamos apenas as armas deste mundo. No entanto, quando trazemos a sabedoria antiga para a consciência e a deixamos habitar em nós, nos revestimos com a armadura espiritual, e a única espada de que precisamos é a espada do Espírito, que é toda palavra que procede da boca de Deus.

Assim aprendi e assim me esforço para passar a você: mantenha a Palavra de Deus viva em sua mente, em seu pensamento, em sua experiência e nunca experimentará falta ou limitação. Acredite, conscientemente, na verdade de que nenhum homem na terra é seu pai; há apenas um Pai, o princípio criador de toda a humanidade cujo amor compreendido permeia todos os homens e mulheres deste mundo.

Quando a palavra de Deus é mantida viva na consciência, praticamos os princípios da vida espiritual. Neste livro, você encontrará a exposição desses princípios, e verá que, às vezes, me refiro a eles como "a letra da verdade". Em si, isso não é suficiente, "porque a letra mata, mas o espírito vivifica".

Este livro, juntamente com *A Arte da Meditação*[1] e *Vivendo o Caminho Infinito*,[2] revela tudo o que aconteceu comigo em minha jornada espiritual; não só comigo, mas com todos aqueles que percorreram esse caminho particular como meus alunos ou de qualquer outro mestre espiritual.

O segredo do Mestre não foi revelado somente a mim; é uma sabedoria antiga, vivida muitas vezes por muitos homens. Mesmo sendo praticada ao longo de todos os séculos, essa forma de vida se perdeu, exceto para aqueles poucos que vivem a vida mística.

Os problemas do mundo levam os homens a procurar aquilo que pode restaurar os "anos perdidos dos gafanhotos", estabelecendo a paz na terra e a boa vontade entre os homens. Eu encontrei e, neste livro, você também encontrará.

---

[1] Nova York: Harper & Brothers, 1956.
[2] Londres: George Allen and Unwin, 1956.

I. Consciência espiritual

O segredo de uma vida harmoniosa é o desenvolvimento da consciência espiritual. Nessa consciência, medo e ansiedade desaparecem e a vida se torna significativa tendo a plenitude como tônica.

O grau de consciência espiritual é tanto maior quanto mais abandonamos a nossa dependência do mundo externo e colocamos nossa fé e confiança em algo maior que nós mesmos, no Invisível Infinito, que pode superar todo e qualquer obstáculo. Em outras palavras, a conscientização da graça de Deus.

O que vai nos ajudar a atingir essa consciência espiritual é uma prática que pode ser realizada durante todo o dia, todas as vezes que o mundo nos bombardear com solicitações de uma coisa ou outra. Para cada uma dessas demandas insistentes, temos a nossa resposta: "Não, não! Isso não é o que eu preciso ou quero. Tua graça é minha suficiência, nada mais — nem dinheiro nem fama — só a Tua graça". Vamos nos ater a isso firmemente. Aparentemente precisamos de meios de transporte, aluguel, vestimentas, moradia, saúde, mas vamos reconhecer firmemente que a nossa única necessidade é a graça de Deus.

Nosso trabalho pode exigir maior força, maior conhecimento ou maior capacidade do que parecemos possuir, ou podem haver maiores exigências feitas sobre nosso bolso do que podemos atender. Em vez de aceitar essa aparente falta, lembremo-nos destas palavras: "Ele cumpre o que é nomeado para mim[...]. O Senhor aperfeiçoará o que me diz respeito", ou alguma outra passagem bíblica de mesmo teor. Aos olhos humanos, pode ser que haja demandas físicas, mentais, morais ou financeiras maiores do que a nossa capacidade de cumpri-las; mas no momento em que nos voltamos para o Deus que está dentro de nós, reconhecendo que Ele cumpre o que é dado que façamos, Ele aperfeiçoa o que concerne a nós, um peso cai de nossos ombros e o sentido de responsabilidade pessoal acaba. De repente nos é dada a capacidade necessária, que descobrimos não ser nossa de maneira alguma, mas, sim, a capacidade de Deus sendo expressa através de nós. De nossa fraqueza vem a força, não a nossa força, mas a força Dele, que nos permite executar qualquer obra. Se precisarmos de descanso, nos voltamos para as *Escrituras* e encontramos: "Vinde a mim, todos que estais cansados e oprimidos e Eu vos aliviarei".

Uma das passagens mais reconfortantes nas *Escrituras* é: "A minha paz vos dou: não como o mundo a dá". Se nos concentrássemos nessa declaração por um mês, um mundo totalmente novo se abriria para nós. Conhecemos o tipo de paz que o mundo nos dá, mas essa não é a paz que precisamos. Acreditamos que teríamos paz se tivéssemos suprimento suficiente, saúde e a companhia certa. Isso pode ser verdade, mas a posse de todas essas coisas não garante que não seremos perturbados por alguma outra necessidade.

Enquanto procurarmos pela paz nas pessoas e nas situações, não encontraremos satisfação ou paz duradoura: "A Minha paz[...] não como o mundo a dá", mas "a Minha paz". "Minha paz" é um espírito suave que transborda dentro de nós e não tem nada a ver com as coisas do dia a dia, embora, no final das contas, resolva todas elas.

A fé no Infinito Invisível aprofunda-se e aumenta à medida que aprendemos a confiar, conscientemente, no fato de que Ele cumprirá o que nos é dado fazer. O Infinito Invisível faz o que nos é dado fazer no mundo visível, cumprindo o que concerne a nós. A Graça Invisível nos basta em todas as coisas, enquanto a Presença Invisível vai à nossa frente aplainando os lugares tortuosos.

Aos poucos, quando repetidamente a tentação vem dizer: "Eu preciso... Eu quero... Eu não tenho o bastante... Eu sou insuficiente", lembramos que nossa suficiência está no Invisível Infinito. Essa prática aprofunda a consciência espiritual. Irmão Lawrence se referia a isso como "praticar a Presença de Deus". Os hebreus chamavam de "manter a mente firme em Deus e reconhecê-Lo em todos os caminhos". Jesus dizia "habitar na Palavra". É uma prática que basicamente nos leva à total confiança no Invisível Infinito que, por sua vez, traz o visível para a nossa consciência sempre que necessário.

A vivência material acredita nas formas de bem do mundo; enquanto que a vivência espiritual usa tudo o que está no mundo, aprecia a forma, mas deposita sua confiança na substância da qual esse bem é feito ou naquilo que o criou, ou seja, o Invisível. Toda revelação espiritual mostra que a substância deste universo está em nós. *Nossa consciência é a substância do nosso mundo*. Portanto, nas palavras do Mestre: "Destrói este templo e em três dias eu o reconstruirei". Se algo no mundo do efeito, no mundo exterior, é destruído, em um curto período de tempo pode ser reconstruído, restabelecido.

Grandes civilizações foram destruídas e outras tomaram seu lugar. Tudo que foi construído pode ser reconstruído, porque tudo que existe no reino exterior, só existe como atividade da consciência. Se perdermos nossa casa, nossa fortuna ou nossa família podemos estar certos de que a consciência que as construiu poderá reconstruí-las.

A compreensão do Invisível como substância de toda forma é vital para a obtenção da consciência espiritual e, à medida que essa compreensão aumenta, a confiança no Infinito Invisível cresce, e nosso amor, ódio ou medo daquilo que é exterior diminui. Vemos o Infinito Invisível como lei, causa e atividade de tudo o que é, e deixamos de nos preocupar com a forma, seja ela pessoa, coisa ou condição, pois ela é apenas o resultado natural da atividade da lei e da causa invisíveis.

Cada questão da vida é determinada, não pelas condições e coisas externas, mas pela nossa consciência. Por exemplo, o corpo, por si só, não tem poder, não tem inteligência nem é responsável por suas ações. A mão permanece exatamente onde está, para sempre, a menos que algo a comande; a esse algo chamamos de "eu", o qual determina como essa mão será usada, uma vez que ela não pode determinar nada por si mesma. Ela existe como efeito ou como forma que responde a um comando e, por ser veículo ou ferramenta, ela nos obedece e, assim, lhe atribuímos utilidade. Esse conceito pode ser aplicado a outras partes do corpo. A consciência, que originalmente formou o corpo, o mantém e o sustenta. Deus nos deu domínio através da consciência, e essa consciência, que é o princípio criativo do nosso corpo, também é a sua sustentação e o princípio que o mantém.

Assim que compreendemos esse princípio, alcançamos o princípio da vida. Literalmente, o Reino de Deus está dentro de nós; literalmente, a lei da vida, a substância, a atividade, a direção inteligente da vida está dentro de nós. Se pudermos provar que doze maçãs vezes doze maçãs são 144 maçãs, podemos provar que doze vezes doze são 144, sejam maçãs ou pessoas. Se pudermos provar, de uma única maneira, que o Reino de Deus está dentro de nós, e que a vida, a atividade, a substância, a harmonia de nosso ser são determinadas por essa lei, não teremos dificuldades em aplicar esse princípio a cada fase de nossa vida, na saúde do corpo e em todos os relacionamentos.

O segredo se encontra na palavra "consciência", uma vez que o conhecimento intelectual de que Deus é tudo, não tem nenhum valor, pois a verdade só tem valor à medida que a compreendemos; assim ela passa a ser consciência espiritual. Só quando temos consciência da Presença e da atividade de Deus, isso faz sentido para nós.

Deus é amor, Deus é vida, Deus é Espírito, Deus é tudo. Isso é verdade tanto para os santos quanto para os pecadores, jovens ou velhos, judeus ou gentios, orientais ou ocidentais, negros, amarelos ou brancos. Não existem exceções para Deus, pois Ele não faz acepção de pessoas. Não há como Deus ser deixado de fora de Seu próprio universo, porém nós podemos deixar, a nós mesmos, de fora desse universo.

Que Deus é e que existe um Deus, não há nenhuma dúvida. Um Deus Infinito em Sua natureza, eterno, universal, impessoal, imparcial e onipresente. Mas como podemos nos servir do que é Deus? Como podemos trazer o que sabemos a respeito de Deus para nossa experiência individual? Para ilustrar, voltemos ao campo da música, cujo princípio é absoluto. Contudo, caso não o entendamos e os sons produzidos se tornem uma confusão de ruídos dissonantes, o princípio não deixa de existir. É necessário que nos dediquemos mais diligentemente a praticá-lo para nos tornarmos eficientes em sua aplicação. Assim deve ser em nossa experiência com Deus. Deus é e Deus está aqui agora, mas Ele está disponível apenas à medida que compreendemos e nos dispomos a aceitar a disciplina necessária para obtermos a mente que estava também em Cristo Jesus.

De nada adianta sentar e implorar: "Ó Deus, quando é que você vai agir em minha vida?". Aceite, "Deus é bem. Ele já fez Sua parte. Obrigado, Deus, por este princípio estar disponível o tempo todo. Mostra-me o que devo fazer para utilizar este princípio, este amor, esta vida, este corpo imortal". Quando alcançamos esse estado de prontidão, começamos a trilhar o caminho que leva à consciência espiritual.

A consciência espiritual é alcançada através da atividade da Verdade, na consciência fundamentada nas citações bíblicas ou declarações dessa Verdade. Quanto mais lemos e ouvimos sobre a Verdade, mais ativa ela se torna em nossa consciência. Assim, aprendemos a habitar na Palavra e damos o primeiro passo no Caminho.

O segundo e mais importante passo é ser capaz de perceber nossa verdade interna, sendo receptivos e sensíveis à Verdade que brota dentro de nós. Então, não pensamos, lemos ou ouvimos a Verdade; na realidade, nos conscientizamos da revelação da Palavra de Deus em nós, porque o ouvido e o olho internos se desenvolvem assim que conhecemos e habitamos na letra da Verdade.

A letra da Verdade é feita de declarações, citações e palavras, mas nenhuma, por si só, é poder. O único poder é o próprio Deus. É como se as cortinas das janelas estivessem fechadas, e nós falássemos a tarde toda sobre a luz solar: o que é, o que faz e como podemos usá-la. Então, depois de várias horas, alguém ceticamente comentaria: "Mas ainda está escuro aqui. Depois de toda essa conversa sobre a luz, continua escuro aqui". Sim, ainda está escuro e escuro permanecerá até que abramos as cortinas. Assim também se pode falar sobre a Verdade, ler sobre a Verdade, estudar a Verdade, e nem uma vez sequer, sentir a luz, nem uma vez sequer sentir a Presença e o poder de Deus, a menos que demos o passo final para a abertura da consciência à Presença Dele. Quando a Verdade vem à nossa consciência de dentro do nosso próprio ser, passamos do intelectual para o espiritual. Essa é a fase mais importante da atividade da Verdade na consciência.

O segundo passo, aquele que leva a um estado de consciência em que somos receptivos e sensíveis à pequena voz silenciosa dentro de nós, não pode ser dado, a menos que o primeiro já tenha sido dominado, isto é, a letra da Verdade tenha sido conhecida. Todos os anos que uma pessoa passa lendo a respeito, ouvindo ou pensando sobre a Verdade, frequentando cultos, palestras ou aulas são importantes para atingir o ponto de onde a inspiração flui de seu próprio ser. Geralmente essa inspiração só vem depois do total aprofundamento da letra da Verdade.

Jesus nos pediu que deixássemos que suas palavras permanecessem em nós: "Nisto meu Pai é glorificado, que deis muito fruto". Viver nessa Verdade, habitar na Palavra, significa dar frutos abundantes, ou seja, viver uma vida harmoniosa e espiritual. Mas, se esquecemos de viver e de habitar na Palavra e deixá-la habitar em nós, nos tornamos ramos cortados e murchos. Como podemos permanecer na Palavra se não a conhecemos? Temos que conhecer e aprender o que é a letra da Verdade. Permaneçamos em meditação até o momento em que possamos sentir a consciência espiritual interior, isto é, a compreensão. Aí saberemos que atingimos o espírito da Verdade, que estamos conscientes da Verdade, que é a Palavra de Deus e essa palavra é Poder. Todo aquele que deseja ardentemente compreender a Deus consegue, pois a graça de Deus garantirá essa compreensão.

Pode se conhecer toda a letra da Verdade e mesmo assim ser um ramo que murcha. É preciso que permaneçamos na Palavra e deixemos a Palavra e o Espírito de Deus habitar em nós. A Palavra habita em todos os homens, mas a maioria é tão inconsciente disso quanto do fato de que há sangue correndo em suas veias. Deus está conosco, Sua Presença preenche todos os espaços e Seu Espírito habita em nós. Mas quantas pessoas realmente sentem essa Presença? Falamos, lemos, oramos, teorizamos a respeito desse assunto, mas não o experimentamos. É preciso que tenhamos consciência e real percepção da Presença.

Todas as vezes que nos livramos do ódio, da inveja, dos ciúmes, da maldade, do egoísmo, da autoglorificação, do preconceito e da intolerância abrimos espaço para o Espírito de Deus, uma vez que Deus não pode habitar no meio disso tudo. Enquanto esses sentimentos estiverem presentes em nossa consciência, será necessário permanecer na Verdade e deixá-la habitar em nós, até o momento em que o Cristo estiver tão vivo que tais pensamentos mortais não mais nos atingirão. Assim, o Espírito de Deus habita em nós, "que é Cristo em vós, a esperança da glória[...]. Eis que estou à porta e bato: se alguém ouvir a minha voz e abrir a porta, eu entrarei e com ele cearei, e ele comigo."

Na maioria dos ensinamentos religiosos aprendemos que o Espírito de Deus está em toda parte, mas isso não é verdade. Se assim fosse, seriamos livres, saudáveis, ricos, independentes, alegres e harmoniosos. Não, o Espírito de Deus está presente somente onde ele é percebido. É necessário que sintamos a Presença real de Deus para possuirmos esse Espírito. Não basta abrir a janela e dizer que a eletricidade está em toda parte. Ela está, mas não terá nenhuma utilidade se não estivermos conectados a ela. Assim é com o Espírito de Deus, que no sentido espiritual absoluto está em toda parte, mas só será eficaz em nossa experiência à medida que for percebido.

O aprendiz da sabedoria espiritual não pode passar o seu dia satisfeito porque leu uma Verdade de manhã ou porque ouvirá outra à noite. A atividade consciente da Verdade deve estar presente o tempo todo. Isso não significa que precisamos negligenciar nossos deveres e atividades diárias, mas sim, que precisamos treinar nossa mente a fim de manter alguma área na consciência sempre conectada à Verdade. Quando olhamos para as formas da natureza, como árvores, flores e oceanos ou mesmo as pessoas, encontramos um pouco de Deus em cada experiência e assim habitamos na Palavra.

O objetivo está muito perto de nós, mas, por mais perto que pareça, está muito distante, porque a cada desafio superado, outro se segue. À medida que avançamos em nossa busca, podemos medir o nosso progresso desta forma: vemos o horizonte diante de nós e temos a sensação de que há apenas uma curta distância a percorrer. Às vezes, poucas semanas ou meses são necessários para se alcançar esse horizonte e o mundo inteiro do Espírito se expandir diante de nós. Nesse momento, acreditamos que realmente entramos no Reino dos céus e realmente entramos, mas por poucos dias. De repente, nós nos acostumamos a essa luz e nos damos conta de que outro horizonte nos impele adiante, outro avanço deve ser percorrido passo a passo e, novamente, seguimos em frente.

É importante aprender tudo o que pudermos sobre a letra correta da Verdade, compreender todos os princípios e, então, praticar até passarmos do conhecimento intelectual à consciência interior. Construímos nossa fundação sobre princípios específicos, alguns encontrados nas *Escrituras* cristãs, hebraicas ou orientais; outros não são encontrados em forma escrita, no entanto, são conhecidos por todos os místicos do mundo.

Quanto mais avançamos nesse trabalho, mais necessário se torna que saibamos cada um desses princípios, que formam a base de nosso entendimento. Eles devem se tornar tanto parte de nós que, quando nos deparamos com um problema, não precisamos pensar neles conscientemente. Por exemplo, depois de passar muitos anos estudando e praticando, os matemáticos podem resolver problemas sem precisar sequer de papel e lápis para os cálculos. Arquitetos podem esboçar uma bela casa em pouco tempo usando sua capacidade e conhecimentos. Advogados experientes tornam-se tão familiarizados com os estatutos e decisões judiciais que passam a conhecer a lei que se aplica a cada caso ou sabem onde encontrá-la quase imediatamente; mas, se algum deles fosse questionado quanto ao seu conhecimento, provavelmente diria: "Faz vinte anos que estudo tudo isso".

Assim é conosco. Cada vez que somos chamados para ajudar, Deus coloca as palavras necessárias em nossa boca. Às vezes não há nenhuma palavra, apenas um sorriso. Para uma pessoa com dificuldades financeiras pode significar: "Filho, tu sempre estás comigo e tudo o que Eu tenho é teu"; para alguém se sentindo só: "Eu nunca te deixarei, nem te desampararei"; para quem luta contra problemas físicos: "Tu és Tudo"; para alguém que se sente culpado: "Nem eu te condeno. Vai e não peques mais".

Se procurarmos entender a Verdade por trás dessas questões, com o passar do tempo teremos todas as respostas disponíveis para uso imediato. Depois de anos contemplando Deus e Suas coisas, meditando e comungando com Ele, não precisamos mais nos preocupar com as coisas deste mundo. Quando surge uma questão, a resposta certa é imediatamente revelada, pois a atitude de escuta e de espera, desenvolvida através da meditação, cria um vácuo onde Deus rapidamente traz tudo que seja necessário: sabedoria, poder ou graça.

É necessária a compreensão dos princípios da vida espiritual, isto é, o conhecimento da letra correta da Verdade. Esse é o alicerce fundamental para que possamos compreender por que e para onde estamos indo e qual é nosso relacionamento com Deus e com o próximo. É necessário saber essas coisas para não nos apoiarmos numa fé cega que, em um momento ou outro, poderá nos abandonar, e também para não entrarmos num estado de caos mental, confiando em uma coisa hoje e em outra amanhã, nunca chegando à compreensão do que realmente é. A vida espiritual não pode ser construída sem a compreensão de Deus, da natureza e do caráter de Deus, da natureza da lei de Deus e da natureza do ser de Deus.

Leia e aplique à sua vida passagens bíblicas que incorporem princípios espirituais. Levante-os como uma bandeira na presença de toda e qualquer forma de discórdia, até que esses princípios se tornem automáticos. Isso é habitar no lugar secreto do Altíssimo, vivendo, nos movendo e tendo nosso ser continuamente na consciência de Deus, não apenas por alguns minutos durante a leitura de um livro ou durante uma palestra. Apesar dos apelos deste mundo, devemos parar em intervalos frequentes durante o dia e durante a noite para a prática da Presença. Isso não precisa interferir em nossas atividades diárias, nem significa que devemos parar o que estamos fazendo. Cozinhando ou cortando grama podemos manter nossa consciência aberta a Deus o tempo todo, lembrando que "Minha graça te basta"; na rua, nas lojas ou no nosso carro lembremos sempre que:

O Espírito do Senhor Deus está sobre mim, e esse Espírito é paz e alegria para mim e para todos aqueles que vêm à minha consciência.[3]

É importante nos lembrarmos conscientemente, a qualquer hora do dia, de que o objetivo da vida é atingir a mente que existia também em Cristo Jesus. O objetivo da vida espiritual é atingir a consciência de Deus vivendo, nos movendo e mantendo nosso ser na eterna consciência da Presença de Deus.

É necessário entender claramente que toda sabedoria espiritual é composta de duas partes: primeira, conhecer a verdade; e segunda, ter dentro de si a mesma mente que existia também em Cristo Jesus. Conheça os princípios específicos da Verdade, presentes neste livro, e viva de acordo com eles. Escolha algum e carregue-o com você por uma semana ou um mês, depois escolha outro e viva com ele, usando-o como parâmetro para entender cada experiência sua.

É possível mudarmos o rumo de nossa vida, não por ouvir ou ler a Verdade, mas torná-la parte ativa da consciência na experiência diária; assim ela se torna um hábito a cada momento do dia e não apenas

---

[3] As partes em itálico deste livro são meditações espontâneas que ocorreram ao autor durante períodos de elevação da consciência e não pretendem, de modo algum, ser consideradas como afirmações, negações ou fórmulas. Foram inseridas no livro de quando em quando como exemplo do livre fluir do Espírito. À medida que o leitor praticar a Presença em seus momentos de elevação, também receberá a inspiração que transborda do Espírito. (N. A.)

um pensamento casual. Deixemos esses princípios agirem na consciência pela manhã, ao meio-dia e à noite, até que, gradualmente, a real consciência nos transforme de ouvintes da Palavra em praticantes da Palavra. Assim, habitaremos na Palavra e daremos frutos abundantes.

II. Manifestando Deus

O que estamos buscando? Estamos buscando a Deus ou Lhe pedindo alguma coisa? Quando pedimos casa, companhia, suprimento, emprego ou cura estamos no caminho errado. Até termos Deus, não temos nada, mas no momento em que O temos, tudo o que há no mundo é nosso. Não existe nada além Dele.

Buscar suprimento, saúde ou companhia é espiritualmente impossíve porque, espiritualmente, tais coisas não existem. Espiritualmente há somente Deus; alcançando-O, alcançamos tudo o que Ele é, ou seja, Deus aparece sob a forma de tudo. Não busquemos as formas, mas a totalidade de Deus; assim teremos todas as formas necessárias para o nosso próprio desenvolvimento.

Nada é mais importante do que isto: estamos buscando compreender a Deus ou estamos tentando chegar a Deus a fim de conseguir alguma coisa através Dele?

Geralmente, quando vamos atrás de qualquer estudo espiritual, no início estamos procurando algo de bom para nós mesmos. Pode ser uma cura-física —mental, moral, financeira — ou pode ser paz de espírito. Não importa o que seja; como regra, é sempre em nosso benefício. Muito rapidamente, no entanto, descobrimos que, quando a luz do Espírito nos toca, é uma benção não só para nós mesmos, mas também para o mundo. A pessoa que estuda e pratica a Presença de Deus passa a não ter problemas, nem necessidades, nem desejos. As coisas necessárias para sua saúde e os suprimentos tornam-se reais por si mesmos.

Deus, a vida individual, vive Sua vida através de nós, isto é, na forma de nossas vidas, pela consciência de cada ser. Seu plano é colocado em prática em nós e através de nós. Cientes disso, relaxemos e observemos que esta não é a nossa vida: é a vida de Deus se desdobrando em cada ser. Quando saímos de cena podemos vê-Lo brilhar. Experimentamos a harmonia à medida que reconhecemos que esta é a vida de Deus e não a nossa. Em vez de tentarmos controlar e manipular nossas vidas, sejamos espectadores de Deus e poderemos vê-Lo Se manifestando em cada ser encarnado na terra. Deus, na realidade, está vivendo aqui, como você e como eu.

Quando nosso único desejo nada mais for do que uma experiência divina, o próprio paraíso se abrirá e se derramará aos nossos pés sob toda forma de bem. Vamos desejar ardentemente uma experiência Crística, uma experiência com Deus, um impulso espiritual que brote em nosso interior. Essa é a demonstração que estamos buscando. Eliminar uma doença, conseguir um emprego ou companhia não tem nada a ver com ensinamento espiritual. Nosso desejo neste caminho é unicamente conhecer a Deus corretamente e obter a vida eterna. Só assim temos tudo, porque a vida eterna inclui saúde, harmonia, completude, vitalidade, juventude e abundância.

É impossível estar na Presença de Deus e experimentar falta de harmonia, porque o Mestre disse: "Eu vim para que todos tenham vida e a tenham em abundância". Como é possível ter a Presença desse *Eu*,[4] a Presença desse Deus, e não ter vida em abundância? Mas buscar por pessoas, lugares ou condições seria buscar fora do Reino de Deus. E isso só causa problemas. Muitos foram destruídos justamente pelas coisas que buscaram a vida toda, mas ninguém jamais foi destruído por buscar e encontrar Deus, o que nos leva à percepção é à experiência real de Deus. O Mestre bem sabia de tudo isso ao nos dizer: "Vosso Pai sabe que tendes necessidade destas coisas[...] pois é do agrado de vosso Pai dar-vos o Reino".

Para entender o significado completo da declaração do Mestre, é preciso compreender a natureza de Deus. Provavelmente todos nós fomos ensinados desde a infância que existe um Deus, mas poucos sabem o que Deus é. Se pudéssemos colocar de lado todos os livros, incluindo a *Bíblia*, e viver apenas com a pergunta "O que é Deus?" em nossa mente, meditando dia e noite sobre essa questão, o próprio Deus nos revelaria a resposta. Mas precisaríamos fazer isso com a mente livre de todos os conceitos que aprendemos sobre Deus e recomeçar como se estivéssemos completamente a sós

---

[4] Quando "Eu" aparece em itálico, refere-se a Deus. (N. A.)

com Ele. Não aceitando qualquer opinião, experiência ou ponto de vista de outras pessoas, teríamos *nossa própria experiência com Deus*. Se pudéssemos fazer isso, descobriríamos que, mais cedo ou mais tarde, Ele se revelaria a nós de maneira tão clara que nunca mais teríamos dúvidas do que Deus é ou de como orar.

Podemos ter certeza de que algumas pessoas conheceram Deus face a face como recompensa por aceitar conscientemente os ensinamentos Dele. João foi uma dessas pessoas. Para ele, a natureza de Deus era o amor. Tomemos a palavra "amor", vejamos o que ela significa e como a entendemos. Por exemplo, se fôssemos exclusivamente controlados pelo amor, como seria nossa relação e nossa conduta com um filho? Encontraríamos nesse amor o menor desejo de feri-lo, causar-lhe algum sofrimento, colocá-lo na prisão como castigo por seus pecados ou prendê-lo num corpo ou numa mente doentia? Será que encontraríamos dentro de nós algum desejo de punição ou vingança? Não, no amor há correção e disciplina, porém não há punição, nem retenção de qualquer bem.

Ao vivenciarmos isso obtemos um conceito totalmente novo de Deus e começamos a compreender o segredo da vida espiritual. Enquanto nos apegarmos a um Deus que pode nos dar coisas, ainda que boas, não chegaremos a entender Sua verdadeira natureza. Ele não tem nada para nos dar porque tudo o que Ele é, nós já somos; tudo o que Ele tem, já é nosso. Viveremos essa experiência ao nos libertarmos do medo do futuro. Se olhássemos a escuridão, o movimento das estrelas e da lua, os primeiros raios da manhã e, finalmente, a luz plena do dia e nos perguntássemos: qual é o nosso papel em tudo isso? O que temos a ver com isso? Se observássemos as árvores e as flores desabrochando, novamente, poderíamos nos perguntar qual nosso papel nisso tudo? Merecemos tudo isso? Logo descobriríamos que Deus trouxe todas essas glórias para nós sem questionar o nosso mérito.

Deus é infinita inteligência, infinita sabedoria e infinita compreensão. Não é necessário contarmos ou pedirmos algo a Ele, exceto talvez mais luz, mais compreensão, mais visão. É próprio de Deus governar, manter e sustentar Sua criação e Ele faz tudo isso sem qualquer ajuda, sugestão ou conselho de ninguém. Somos governados por Ele à medida que entendemos isso e nos confiamos aos Seus cuidados. Qualquer tentativa de dizer a Deus quais são as nossas necessidades demonstra desconfiança e incompreensão da natureza Dele e atua como barreira, impedindo-nos de receber as muitas bênçãos que são nossas por direito, pois somos Seus herdeiros, coerdeiros com Cristo em Deus. Conhecê-Lo corretamente é vida eterna; enquanto, conhecê-Lo incorretamente é criar um sentimento de separação entre nós e o que verdadeiramente é a nossa vida; é perder a continuidade e a harmonia do nosso ser.

É preciso compreender a natureza de Deus como plenitude. Quando entendermos isso, não Lhe pediremos mais nada, pois Ele é a própria plenitude, tal qual o sol que brilha e derrama sobre a terra calor e luz. Não pedimos ao sol para nos enviar mais luz ou para nos dar mais calor. Se fôssemos formular qualquer tipo de oração ao sol, seria a compreensão interna de que *ele é* — o sol é brilho; o sol é calor; o sol é luz.

    Assim é com Deus. Nunca devemos pensar em Deus como aquele de quem esperamos obter algum bem ou aquele que pode trazer paz à terra. Não há tal Deus. O único que existe é Aquele que é vida eterna: Deus não nos dá a vida eterna e nem a pode reter. Ele não nos dá vida hoje ou amanhã e depois a retira quando chegamos aos 120 anos de idade. Deus é vida eterna e nossa oração deve ser a compreensão dessa verdade. Deus é plenitude. Se não estivermos sendo beneficiados pela graça de Deus, isso não tem nada a ver com Ele, mas com a crença de estarmos afastados da Sua graça. O Espírito não está, de forma alguma, relacionado com o cenário humano, pois não pode ser reduzido a um conceito material de vida. Deixemos de lado esse conceito e nos direcionemos a Deus.

    Buscar a Deus sem qualquer objetivo é o máximo da compreensão espiritual. Para isso, temos que atingir um lugar na consciência, onde todo nosso coração e nossa Alma anseiam por Deus e só a Ele, mais do que qualquer bem, harmonia, cura ou paz que possamos pedir. Nesse estado de entrega, podemos dizer:

> Eu nada busco a não ser a Ti. Devo saber que Te conhecer corretamente é vida eterna. Deixe-me viver, me mover e ter o meu ser em Ti, pois contigo posso aceitar qualquer coisa que possa vir. Que diferença fará,

então, se tenho um corpo ou não, se sou saudável ou não? "Na tua presença há plenitude de vida".

Alcançamos o Caminho Infinito de vida quando a consciência atinge o lugar de devoção onde Deus simplesmente é.

No Caminho Infinito, a vida não conhece limitação alguma. Não há mais qualquer preocupação de saber se somos ricos ou pobres, doentes ou sadios, porque nosso único objetivo na vida é conhecer Deus corretamente, para ficar face a face com Ele e poder, conscientemente, habitar e comungar com Ele. Essa é a maior alegria jamais conhecida pelo homem na terra, independentemente de quantos milhões ele possa ter acumulado ou de quantas honras possam lhe ter sido concedidas. Nada disso equivale à alegria, à paz e à infinita e eterna harmonia experimentadas pela pessoa que conhece a Deus.

Há completo desinteresse dos efeitos externos, resultantes da prática da Presença. O coração, a mente e a Alma estão centrados na compreensão da Presença, para que se possa chegar ao ponto dentro de nós onde se encontra o Espírito de Deus e experimentar a Presença que gera alegria interior. Sentimos o pulsar do Espírito até as pontas dos pés; todo nosso ser e todo nosso corpo estão vivos e alertas devido a essa Presença.

Encontrar Deus face a face é o nosso maior objetivo. Não há mais nada a desejar. Quando chegamos a esse ponto, sabemos exatamente o que Paulo quis dizer quando afirmou: "Eu vivo, não mais eu, mas o Cristo vive em mim". É quase como se estivéssemos observando Cristo operando em nós, através de nós e por nós. Ele vai à nossa frente: se for necessário o suprimento, Ele nos fornece; se uma casa é necessária, ela nos é dada; o mesmo acontece com nossa locomoção. Nunca precisamos pensar nessas coisas; tudo o que temos a fazer é viver de maneira contemplativa; então, veremos que nos negócios, na profissão ou nas atividades artísticas, teremos mais discernimento, mais capacidade, mais saúde, inspiração, alegria e melhor remuneração. No entanto, não é necessário rezar para alcançar esses resultados: eles fluirão naturalmente, assim como o sol nasce de manhã ou se põe à noite sem ninguém precisar pensar nisso. Basta esperar, apenas esperar o tempo suficiente, e o sol virá pela manhã e cairá novamente à noite. Não temos nada a ver com isso, só o contemplamos. Não temos que nos preocupar.

Assim se dá conosco. Quando afirmarmos a Verdade, aprendemos a não tentar manipular mentalmente nossas vidas e, simplesmente, esperamos que algo bom nos aconteça. A vida se torna uma alegria completa, porque assim como não precisamos nos preocupar com o movimento do sol, da lua ou das estrelas, também não precisamos nos responsabilizar por nosso suprimento ou nossa saúde. Tudo isso é uma questão da graça de Deus. Nossa única responsabilidade é ter o Espírito de Deus habitando em nós. O homem cuja respiração está nas narinas, que não consegue agradar a Deus e que não está sob a lei de Deus, num dado momento precisa se tornar filho de Deus. A partir desse ponto, é só uma questão de devoção.

Não podemos usar Deus, mas podemos nos render e permitir que Ele nos use. Podemos contemplar as coisas de Deus e meditar sobre o espiritual, o invisível, até sentirmos realmente o Espírito e a Presença de Deus dentro de nós. Deixemos que nossa oração seja:

> Dá-me mais sabedoria, dá-me mais luz; ensina-me como viver na Tua palavra. Deixa-me querer a Ti, por Teu amor apenas. Que eu nunca peça nada por alguém. Deixa-me habitar e comungar Contigo. Que meu único objetivo seja unir-me a Ti.

Um contato esporádico com Deus, por menor que seja, fará maravilhas. Mas não podemos esperar uma existência espiritual completa e perfeita simplesmente porque de vez em quando nos lembramos de nos voltar a Deus ou dedicamos algumas horas ao estudo de livros espirituais. É necessário orar sem cessar para que a vida se torne uma contínua experiência do bem. Então, descobrimos que Deus, que é toda sabedoria, onipresença, onipotência e onisciência, sempre vai à nossa frente para nos suprir com tudo o que é necessário à nossa experiência. Essa é a razão de não termos que pedir nada, seja dinheiro, moradia, companhia, liberdade, alimento ou vestimenta. Nunca precisamos pedir nada a Deus.

Deus é a inteligência infinita que criou, mantém e sustenta este grande universo, sem qualquer conselho humano. Se Ele pode fazer isso, confiemos nosso ser a essa mesma Presença e Poder.

Há apenas uma maneira de orar que honra a Deus:

> *Pai dentro de mim, muito mais perto de mim do que a respiração e mais próximo do que as mãos e os pés, Tu és o Todo poderoso do universo, a inteligência que tudo criou. Tu és o amor divino que supriu a terra com legumes e flores, diamantes, urânio, petróleo, ouro, prata e platina; supriu os céus com Tua glória –as estrelas, o sol, a lua– e os oceanos com o ritmo das marés. Eu reconheço Tua presença em todas as coisas. Tu és todas as coisas.*
>
> *Mesmo antes que eu peça, Pai, Tu conheces as minhas necessidades. Mesmo antes de erguer meus olhos ou meus pensamentos a Ti, Tu não só conheces as minhas necessidades, como também é de Teu agrado me dar o Reino. Eu me volto para Ti agora, não para falar de minhas necessidades, mas para receber o cumprimento delas. Eu venho a Ti agora não buscando coisas, não buscando pessoas, mas buscando Tua graça, Tua bênção, o presente que Tu mesmo és.*
>
> *Que a paz que excede todo o entendimento desça sobre mim; Tua paz, a paz, a graça, a alegria e a harmonia interior. Que o Espírito Santo se desdobre e me envolva. Que o Espírito preencha minha Alma, minha mente, meu ser e meu corpo. Na tranquilidade e na confiança está a minha força, porque o Espírito do Senhor está sobre mim. É um poder de paz e de graça para todos que tocam minha consciência.*

Abracemos a Deus pela alegria de experienciá-Lo e pela possibilidade de ver o que Ele faz.

Podemos neste momento dar um passo importante: abrir mão dos desejos. Desistimos dos desejos de toda e qualquer forma de bem. A partir de hoje, nos permitimos ter apenas um desejo: o desejo de ter a experiência de Deus.

O princípio fundamental de todo Caminho Infinito é manifestar Deus — não pessoas, coisas ou situações. Ele nos ensina que temos o direito de manifestar o Espírito de Deus, a compreensão de Deus, mas não temos o direito de manifestar qualquer pessoa, lugar ou coisa. Devemos ter a certeza de que estamos buscando exclusivamente a percepção da graça de Deus e procurando apenas estar no Espírito do Senhor. "Onde está o Espírito do Senhor, aí há liberdade" de toda limitação, toda discórdia e toda desarmonia. Toda nossa manifestação deve ser a percepção de Deus, a manifestação de Deus, a consciência da Presença de Deus.

Percepção é manifestação. A percepção da atividade de Deus na consciência é que faz com que todo o bem espiritual apareça. A percepção da graça de Deus como nossa suficiência aliada a uma Verdade espiritual gera a manifestação. Apenas dizer: "Ele aperfeiçoa tudo o que diz respeito a mim", não fará nada por nós, mas a *percepção* dessa verdade instantaneamente a tornará real em nossa experiência. Percepção é manifestação, mas deve ser uma percepção do Reino de Deus, da atividade, do Espírito, da manifestação de Deus como único poder, única substância e única causa, como tudo em tudo. *Percepção de Deus é manifestação.*

Se conhecermos a letra correta da Verdade, se entendermos que a vontade de Deus é o amor, é a vida eterna, se soubermos que a vontade de Deus é que nós experimentemos Sua imortalidade e a infinitude do Seu ser, não nos preocuparemos em expor nossas necessidades a Ele. Viveremos na constante tentativa de perceber e compreender Deus cada vez mais profundamente, aquele Deus que é o nosso próprio ser. Basta a alegria de comungar com Ele:

> Pai, tudo que eu quero é a minha relação Contigo, a consciente percepção do Cristo, por nenhuma razão especial que não seja a alegria de estar aqui com Ele. Cristo vive minha vida. No momento que eu tenho Cristo, não vivo minha própria vida; a responsabilidade está sobre os ombros Dele. A partir de agora tudo o que tenho a fazer é ir para onde Ele me levar, em verdes pastagens, junto às águas tranquilas.

Fazer contato com Cristo, sem nenhum outro motivo a não ser experienciá-Lo, é a maior forma de manifestação que existe sobre a terra.

III. Deus, o único poder

Assim diz o Senhor, Rei de Israel, e seu Redentor, o Senhor dos Exércitos: Eu sou o primeiro, e Eu sou o último, e além de mim não há Deus.

ISAÍAS 44:6

Amarás o Senhor, teu Deus, de todo o teu coração, e de toda a tua Alma e com todas as tuas forças.

DEUTERONÔMIO 6:5

Ao longo de todos os tempos as *Escrituras* revelam que Deus é o único poder, mas quem aceita isso literalmente? A maioria dos religiosos ensina que existem dois poderes: o poder de Deus, que é bom e abençoa, e o poder do diabo, que é mau e amaldiçoa. Até mesmo na *Bíblia* existem relatos desses dois poderes. Deus está sempre lutando contra o diabo pelo controle da Alma do homem; também há relatos de pessoas lutando umas contra as outras. E a pergunta sempre é: quem ganhará?

Hoje a história se repete. Acidentes, desastres e doenças são explicados com base em dois poderes ou tornando Deus responsável por esses males. Como Ele pode ser responsabilizado por qualquer mal à luz da mensagem e missão do Mestre, que foi a cura dos doentes, a ressurreição dos mortos, a alimentação dos famintos e a superação de todo tipo de desastre? O Mestre disse: "Eu não vim para destruir, mas para trazer plenitude"; então, nenhuma dessas coisas pode ser a vontade do Pai, pois na Presença de Deus, não há nenhum mal.

Se Deus tolera o pecado, a doença, a morte que estamos experimentando, que chance temos nós de superá-los ou de sobreviver? Se Deus permite esses males ou se Ele é um pai humano querendo nos ensinar uma lição, como podemos aprender e voltar para a casa do Pai? Desde o início de nosso estudo espiritual aprendemos que Deus é o único Poder, é o Todo-Poderoso, e não só isso, é o poder de todo o bem. É possível, então, para um poder do bem criar, permitir ou tolerar maldades?

No Caminho Infinito obtemos a cura espiritual e para isso precisamos de um princípio exato. Não pode haver nenhum desvio, assim como não há desvio dos princípios da matemática ou da música. O princípio de cura espiritual é que Deus é amor, é vida; Nele não existe treva alguma; Ele é puro demais para enxergar iniquidades. Mas se somos levados a acreditar que Deus conhece, permite e tolera a doença ou está nos testando ou punindo através dela, perdemos toda a possibilidade de sermos curados. Não temos como negar que no mundo há pecado, doença, morte, carência, limitação e guerras. Isso significa que Deus permite essas coisas? Não! Da mesma forma, os princípios da matemática e da música não são afetados se cometemos algum erro de cálculo ou cantamos fora de tom.

De acordo com o Gênesis: "Deus viu tudo o que havia feito, e viu que tudo era muito bom". Portanto, se o diabo existe, Deus o fez, e até mesmo ele deve ser bom. É o conceito de que o diabo é mau e Deus é bom que nos separa física, mental, financeira e moralmente da harmonia. Não há nenhum mistério no mal. O ensinamento do Mestre é muito claro nesse ponto:

> Quem não permanecer em mim será lançado fora, como um ramo, e murchará; tais ramos são recolhidos, lançados ao fogo e queimados.
>
> Se vós permanecerdes em mim, e as minhas palavras permanecerem em vós, pedi o que quiserdes, e vos será feito.

JOÃO 15:6, 7

Se não deixamos a Palavra habitar em nós, não podemos nos surpreender com o que nos acontece e nem temos o direito de culpar Deus. Assim, se não estamos manifestando saúde, harmonia, riqueza, que são nossos bens espirituais por direito inato, é porque não estamos cumprindo os termos do acordo, isto é, se habitarmos no lugar secreto do Altíssimo, nenhum mal irá se aproximar da nossa morada. Esse é o princípio.

Será que estamos realmente habitando no esconderijo do Altíssimo? Meditamos por cinco minutos de manhã e lemos um livro por quinze minutos à noite e achamos que estamos habitando na Palavra e no esconderijo do Altíssimo. Isso não é suficiente. Devemos ler e estudar, meditar e refletir, horas e horas, todos os dias, até estarmos vivendo continuamente na Presença do Senhor, ao lado de quem não há outro. Aceitemos em nossa consciência que Deus é infinito, que Ele é o único Poder, e que além Dele não há nenhum outro poder.

No capítulo 43 de Isaías, podemos ler:

> Mas agora, assim diz o Senhor que te criou, ó Jacó, e que te formou, ó Israel: Não temas, porque eu te redimi, chamei-te pelo teu nome; tu és meu.
>
> Quando passares pelas águas, estarei contigo, e quando pelos rios, eles não te submergirão; quando passares pelo fogo, não te queimarás, nem a chama arderá em ti.
>
> Porque eu sou o Senhor teu Deus, o Santo de Israel, o teu Salvador...
>
> Visto que foste precioso aos meus olhos, também foste honrado, e eu te amei.
>
> ISAÍAS 43:2-4

Se, quando éramos crianças, tivessem nos ensinado esta verdade: "Não temas, porque eu te redimi; chamei-te pelo teu nome; tu és meu", sentiríamos medo?

Imagine o estado de consciência em que viveríamos se tivéssemos aprendido, ao longo de nossa infância, que Deus nos ama e não permite que nenhum mal nos atinja. Assim teríamos Deus na consciência como o único Poder, nunca O temeríamos e nada nos faltaria.

Agora escuta, Jacó, meu servo, e Israel, a quem escolhi.

Eis o que diz o Senhor que te criou, que te formou desde o seio materno e te socorreu: nada temas, Jacó, meu servo, meu Israel, a quem escolhi!

Porque derramarei água sobre o solo sequioso, fá-la--ei correr sobre a terra árida, derramarei meu espírito sobre tua posteridade, e minha bênção sobre teus rebentos.

ISAÍAS 44:1-3

Quando jovens, nos ensinaram a confiar apenas em nossos pais, mas em Isaías aprendemos que Deus "te formou desde o ventre materno". Somos filhos protegidos de Deus desde o ventre, e Ele, e somente Ele, nos supre e nos apoia em nossas atividades. Aprendemos que só Deus é o único poder em nossas vidas por todo o sempre. É fácil imaginar o que teria acontecido com o diabo: jamais haveria o medo do mal ou da punição. Teríamos encontrado somente o amor de Deus e nunca o temor a Deus; nunca acreditaríamos que Ele pudesse nos virar as costas.

Conhecer a Deus é amá-Lo, e isso só é possível quando entendemos a Sua natureza. Nem mesmo o amor do marido, da esposa ou do filho poderia ser maior do que nosso amor por Ele, no coração e na Alma.

Torna-se um ser vivo que não deve ser temido, mas reverenciado, amado, bem-vindo em todos os momentos de cada dia e não apenas por uma hora no domingo. Não há um momento no qual não possamos, conscientemente, mantê-Lo vivo em nossos corações pela lembrança de quem Ele é:

> *Deus é a inteligência e o amor do universo, o Espírito onipresente que o criou, o mantém e o sustenta. Deus é a fonte da beleza das árvores, flores e frutas, a essência dos vegetais e minerais, do ouro, da prata, dos diamantes e das pérolas no mar. Deus preenche o mar com peixes e o ar com pássaros.*
>
> *Deus está dentro de mim. Onde eu estou Deus está, e o Seu amor me envolve sempre. Deus é a fonte do meu ser. Ele é a fonte do meu suprimento e dos alimentos da minha mesa. Deus é aquele que me dá o trabalho e a força para realizá-lo. "Ele cumprirá o que me concerne[...] O Senhor aperfeiçoará o que me diz respeito[...] Aquele que está dentro de mim é maior do que aquele que está no mundo", maior do que qualquer problema.*

Há apenas um poder, e Deus é esse poder. Não há poder no efeito e não há poder separado de Deus, pois Ele é a vida de todo o ser. Essa verdade, conhecida por todos os povos, existe desde sempre. No texto sagrado hindu, *O Bhagavad-Gita*, traduzido por Sir Edwin Arnold, lemos o belo poema épico, "A canção celestial":

> Eu digo a ti, armas não ferem a Vida;
> A chama não a queima, águas não a inundam,
> Nem os ventos a fazem secar. Impenetrável,
> Inexplicável, inatingível, ilesa, intocada,
> Imortal, toda presente, estável, segura,
> Invisível, inefável, pela palavra
> E pensamento não planejado, tudo em si mesma,
> Assim é a Alma declarada!

Novamente vemos que há uma vida e Deus é essa vida; só há um poder e Deus é esse poder. Uma consciência preenchida com a percepção de Deus como o único poder não tem nada a temer.

A maioria dos ensinamentos religiosos não nos transmitiu a verdade de que Deus é onipotente na terra e no céu; mas, finalmente, chegará o dia em que todo joelho se dobrará à verdade de que existe um único poder. Todos os ensinamentos metafísicos se originam na revelação de Deus como um só. Mas o que aconteceu com esse ensinamento? Perdeu-se em diabólicas mentes mortais. Seguidores dos ensinamentos ortodoxos temem o diabo, e aqueles que seguem os ensinamentos modernos mais recentes temem a mente mortal. Interpretações erradas e ignorantes da Verdade nos levam a crer em dois poderes, mas a verdade é uma só: *Deus é o único poder.* Cada um de nós em algum grau de nossa experiência humana aceitou dois poderes: Deus e um poder separado Dele, um poder que às vezes nos recompensa e outras vezes nos castiga; um poder que às vezes está disponível e outras vezes não e agora estamos pagando o preço por aceitá-los.

Temos que nos elevar a uma dimensão superior de vida para ver que não há poder em nenhum efeito; todo poder está na causa que produz o efeito:

> Porque os meus pensamentos não são os vossos, nem os meus caminhos os vossos, diz o Senhor.
> Porque assim como o céu domina a terra, assim são os meus caminhos mais altos que os vossos, e os meus pensamentos ultrapassam os vossos.
>
> ISAÍAS 55:8, 9

Se não ficarmos espiritualmente alertas, aceitaremos qualquer tipo de falso ensinamento, quando imposto a nós com frequência e força suficientes. Através do hipnotismo em massa dos meios de comunicação, todos temos sido vítimas de propaganda de um tipo ou de outro, mas nada disso poderia nos atingir se aceitássemos o ensinamento de que Deus, o Invisível Infinito, é o único poder.

Na frenética e moderna corrida pela supremacia em armamentos e poder material, torna-se necessário parar e perguntar: Onde tudo isso vai dar? Poder só tem a ver com superioridade e grandeza?

> [...] pela força, o homem não prevalecerá.
>
> I SAMUEL 2:9

Não temais, nem vos assusteis por causa desta grande multidão, pois a batalha não é sua, mas de Deus.

II CRÔNICAS 20:15

Sede corajosos, e tende bom ânimo; não temais, nem vos espanteis por causa do rei da Assíria nem por causa de toda a multidão que está com ele: pois há conosco um maior do que o que está com ele.
Com ele está um braço de carne, mas conosco o Senhor nosso Deus, para nos ajudar e para guerrear por nós.

II CRÔNICAS 32:7, 8

Aqueles que se ocupam apenas com o material possuem apenas o "braço de carne." Mas, os que reconhecem Deus como o único poder vivem sem medo, sem nenhuma preocupação com o poder externo, por maior que seja. Quer se trate de uma febre alta, de pobreza extrema ou de uma bomba de hidrogênio, tudo é apenas o "braço de carne"; nós, por outro lado, temos o que é invisível e não pode ser tocado, pois "nenhuma arma forjada contra ti prosperará". Assim como Davi enfrentou Golias armado com fé em Deus, também nós podemos superar qualquer desarmonia se reconhecermos o único Poder.

No sentido material da vida, a palavra "proteção" tem a conotação de defesa ou armadura, um esconderijo contra o inimigo ou perigo; sugere segurança contra qualquer atividade, presença ou poder destrutivo que possa existir. Proteção, nas ciências mentais, implica algum pensamento, ideia ou oração que pode nos livrar de qualquer mal.

No momento em começamos a entender Deus como Um, compreendemos que em todo este mundo, os que habitam no esconderijo do Altíssimo não têm nada a temer. Constataremos isso quando habitarmos na palavra "onipresença" e percebermos que na presença de todo o bem estaremos em perfeita e divina harmonia — uma harmonia que penetra e permeia a consciência como o único bem.

Vamos refletir e meditar sobre essa ideia. A revelação e a certeza nascem de dentro de nós, afirmando que só há Um e, devido à natureza desse Um, não há nenhuma influência externa para o bem ou para o mal. Em nossos períodos de comunhão sentimos a infinitude da Presença de Deus. Não há outro poder, não há outra presença, não há influência destrutiva ou prejudicial em qualquer pessoa, lugar ou coisa; não há mal em nenhuma condição. Deus é um só e não pode haver nada apartado do Um.

O Mestre nos disse: "O que contamina o homem não é o que entra em sua boca, mas o que dela sai; isso é o que o contamina". Aceitamos a crença universal de que há o Poder e a Presença de Deus e uma atividade à parte Dele; aceitamos a crença de que alguém ou alguma coisa fora do nosso próprio ser possa ser o mal em nossa experiência; a aceitação dessa crença quase universal causa a maioria de nossas discórdias e desarmonias.

Quando nos voltamos conscientemente, dia após dia, à percepção real de Deus como um Ser infinito se manifestando e se expressando como ser individual, entendemos definitivamente que todo poder flui de nós e através de nós, como bênçãos para o mundo. *Nenhum poder age sobre nós fora de nosso próprio ser*, ou seja, nada externo age sobre nós para o bem ou para o mal. Assim como aprendemos que as estrelas, criações de Deus nos céus, não podem agir sobre nós, aprendemos também que as condições do tempo, do clima, da infecção, do contágio ou do acidente não prejudicam os que compreendem a natureza de Deus e a natureza do ser individual. Estamos constantemente sendo lembrados de que devemos nos tornar cada vez mais conscientes da natureza de Deus, da natureza da oração e da natureza do ser individual, para que nos consideremos filhos de Deus, de quem verdadeiramente se diz, "Filho, tu estás sempre comigo, e tudo o que é meu é teu".

Devemos pensar seriamente nesse assunto de proteção, pois a cada dia somos confrontados com ameaças ou perigos iminentes. Alguém, algum lugar ou alguma coisa sempre aparece como uma força destrutiva da qual Deus pode nos salvar. A plenitude de Deus impede a existência de qualquer influência destrutiva no céu, na terra ou no inferno — portanto, não vamos cometer o erro de pensar em Deus como o poder capaz de nos salvar de uma pessoa ou influência destrutiva. Nem nos enganemos achando que a prática da Presença de Deus é mais um recurso para *usá*-Lo, ao pedir-Lhe que interfira em nossa experiência a fim de superarmos a discórdia, o mal, o pecado e a doença. A finalidade é trazer à consciência individual a certeza de Deus como sendo Um, um Ser Infinito, individual, Presença e todo Poder. A crença universal em dois poderes, o bem e o mal, vai continuar a atuar em nossa experiência até que nós, individualmente, a rejeitemos.

Hoje em dia, proteção é a percepção de que Deus, sendo tudo, exclui a possibilidade de qualquer fonte de mal existente no mundo ou atuando na experiência individual. O nosso trabalho ou as nossas orações pedindo proteção devem consistir na percepção de que nada existiu, existe ou existirá em qualquer lugar, em qualquer momento, em nossa experiência do passado, presente ou futuro, que seja de natureza destrutiva. Através de estudos e meditações, contatamos Deus dentro de nós e recebemos a garantia divina: "Eis que estou contigo todos os dias", a garantia contínua da única Presença, do único Poder, do único Ser, da única Vida, da única lei em que não existem poderes do mal ou forças destrutivas. É nessa consciência de unidade que encontramos nossa paz.

Nas meditações diárias, devemos nos concentrar na questão da proteção por um mês ou dois, sem falar nada para ninguém, nem discutir o assunto, mantendo-o secreto, até atingirmos um lugar na consciência onde sintamos que Deus é único. O segredo da proteção não está em buscar a Deus para nos salvar de algum perigo, mas, sim, na compreensão de que proteção, segurança e paz dependem da nossa lembrança e percepção da verdade de Deus como Um.

O mundo está em busca de paz, de proteção e de segurança vindas de fora; porem, paz, proteção e segurança só serão encontradas em nossa percepção individual de Deus como Um — um único Ser, uma única Presença e um único Poder. Não há como revelar ao mundo paz, proteção ou segurança, mas nós mesmos podemos encontrá-las e mostrar ao mundo através de nossa experiência, que encontramos um caminho maior do que a crença supersticiosa em algum poder do bem que milagrosamente nos salvará de qualquer poder do mal. Não podemos dizer ao mundo que não há perigo, influências ou poderes externos, mas a nossa compreensão da Verdade pode tornar tão evidentes a harmonia, a plenitude e a perfeição de nossas vidas, que os outros também vão querer buscá-la.

Com base no ensinamento de dois poderes surgem filosofias que fazem os homens discordarem entre si. Não há maneira de resolver as diferenças, porque as pessoas que acreditam em dois poderes partem de uma premissa errada: acreditam que o bem e o mal estão sempre lutando, e que luta! Mas, o que acontece quando os homens abandonam a crença em dois poderes e descansam na consciência do Cristo? Começam a entender o que o Mestre quis dizer com "Tu não poderias ter nenhum poder contra mim, se não te fosse dado do alto".

Os místicos do mundo (Krishna, na Índia; Lao-Tsé, na China; Jesus, de Nazaré; ou João, de Patmos) revelaram-nos que Deus é Um. Os místicos hebraicos também conheciam essa verdade quando ensinaram: "Ouve, ó Israel, o Senhor nosso Deus é o único Senhor". Em todas as *Escrituras* encontramos, repetidamente, as garantias do amor de Deus para Seus filhos:

> Não temas, porque eu te redimi; chamei-te pelo teu nome, tu és meu.
>
> A todos os que são chamados pelo meu nome e os que criei para a minha glória, os formei, e também os fiz.
>
> Vós sois as minhas testemunhas, diz o Senhor, e meu servo, a quem escolhi; para que o saibais, e me creiais, e entendais que eu sou o mesmo, e que antes de mim Deus nenhum se formou, e depois de mim nenhum haverá.
>
> Eu, eu sou o Senhor, e fora de mim não há Salvador.
>
> Eu sou o primeiro, e eu sou o último, e além de mim, não há Deus.
>
> E quem proclamará como eu, e anunciará isto, e o porá em ordem perante mim, desde que ordenei um povo eterno? E anuncie-lhes as coisas vindouras, e as que ainda hão de vir.
>
> Não vos assombreis, nem temais; porventura desde então não vo-lo fiz ouvir, e não vo-lo anunciei? Vós sois as minhas testemunhas. Porventura há outro Deus além de mim? Não, não há outro Deus; eu não conheço nenhum.
>
> ISAÍAS 43:1,7,10,11; 44:6-8

E assim, repetidas vezes, revela-se que Deus é *um* Deus; Deus é o único Poder.

Todos os artífices de imagens de escultura são nada, e as suas coisas preferidas são de nenhum préstimo; eles mesmos são testemunhas de que elas nada veem, nem entendem, para que sejam confundidos? Quem formaria um Deus ou fundiria uma imagem de escultura, que é de nenhum préstimo?

ISAÍAS 44:9, 10

Cada um de nós tem uma imagem de Deus: um olha e vê Buda; outro vê Jesus. Cada um formou o conceito do que pensa que Deus é e, então, adora e reza para aquele conceito, enquanto todo o tempo Deus está nos dizendo: "Somente *Eu* sou Deus, não o conceito que você tem de Mim. Apenas *Eu*, o Invisível, sou Deus; *Eu*, unicamente, sou Deus". Temos que parar de criar imagens mentais, parar de imaginar como Deus é e confiar no Invisível sem forma que penetra e permeia todos os seres.

"O Reino de Deus está dentro de ti[...] o lugar em que tu estás é terra santa"; e mesmo que o lugar pareça ser no inferno ou no vale da sombra da morte, Deus está exatamente lá conosco. Temos que abandonar essa crença absurda em um Deus que pune e recompensa, um Deus que está presente quando nós experimentamos uma cura e ausente quando a cura não ocorre. Deus nunca está longe de nós, exceto em nossa crença de que há dois poderes, exceto no medo dos outros poderes que criamos em nossa mente. Não apenas tememos tais poderes; às vezes, tememos também a Deus!

Na realidade, há apenas um poder: o poder do bem. Não há poder no mal, não há poder no pecado, não há poder na doença, nem na falta ou limitação. Deus tudo criou e tudo era muito bom. Mas o mundo está cheio de infecção, contágio, doença hereditária, escassez e limitação, ou seja, o mundo está repleto do poder do mal. Se continuarmos lidando com o mundo de maneira humana, haverá dois poderes: o poder do bem e o poder do mal. Essa é a imagem humana. Algumas pessoas passam a maior parte do tempo enfermas. A maioria da população mundial é pobre. Para os seres humanos, sempre haverá leis do pecado, de doença, de falta e de limitação. Haverá dois poderes enquanto houver consciência humana no mundo, porque ela em si é uma casa dividida em duas partes, o bem e o mal. Precisamos nos conscientizar de que há um estado de existência espiritual em que esses opostos não funcionam, em que há apenas um Poder. Ninguém pode ter essa experiência por nós, a não ser nós mesmos.

A menos que Deus se torne Presença constante em nossa consciência, vamos passar pela vida como seres humanos acreditando em dois poderes e experimentando o bem e o mal. Precisamos nos conscientizar de que Deus é Um. Deus é o único: "Ouve, Ó Israel, o Senhor nosso Deus é um[...] Não terás outros deuses diante de mim" nem outros poderes, nem outras leis, mas uma única lei.

Deus é a única lei, uma lei que mantém e sustenta a harmonia e a perfeição de Sua própria criação em todos os momentos. Observando as árvores em crescimento, nos maravilhamos com a lei que as faz brotar, desabrochar e frutificar a cada ano. Da mesma maneira, o sol, a lua e as estrelas, o fluxo e refluxo das marés dão testemunho de uma lei divina que rege o universo. Essas são leis e não podem ser alteradas.

Tudo o que é permanente é apoiado por lei, mas as discórdias e as doenças do mundo vêm e vão: estão sempre mudando por não terem permanência e nem leis a apoiá-las. Se a doença fosse apoiada por lei, essa lei não poderia ser violada e ninguém poderia ser curado ou ficar imune às enfermidades. Por não ser permanente, a doença pode ser curada, tanto física quanto mental e espiritualmente.

Aceitar Deus como Um é aceitar apenas uma lei — a Lei de Deus, a lei do bem, sempre ativa e sempre presente em nossa experiência. Não existe nenhuma lei que nos vincule a alguma condição de mal.

A Verdade onipresente em minha consciência elimina toda forma de discórdia na minha experiência. A lei espiritual governa meu ser, meu corpo, minha casa, meus negócios e também governa minha consciência. Essa lei espiritual me permeia, me mantém e me sustenta.

Todos os dias somos confrontados com a dor da morte, seja de um amigo, um parente ou um estranho em um país distante. Todos os dias o pensamento da morte é conscientemente trazido à nossa mente. Nessas horas, mesmo que a dor não nos diga respeito devemos lembrar que Deus é Um.:

> *Deus é a única vida — eterna, imortal, infinita, sem começo e sem fim. Há somente um Deus, portanto, há apenas uma única vida.*

Muitos estudantes de metafísica, que não acreditam no poder do diabo, criaram outro poder, também independente e separado de Deus, um poder regido pelo medo supersticioso do pensamento errôneo, e pela fé e confiança no pensamento correto. Vamos descartar essas ideias agora e para todo o sempre. O pensamento humano não é poder; a mente humana não é poder. Jesus refutou tal ideia quando perguntou: "Qual de vós, pelo pensamento, pode acrescentar um só côvado à sua estatura?". Vamos colocar a mente em seu devido lugar como um caminho da consciência e não uma faculdade criativa.

A faculdade criativa está bem no fundo da Alma. Com a nossa mente nos tornamos conscientes das mais profundas Verdades e Leis de Deus, mas é a Alma, que é Deus, o princípio criativo da existência. A atividade da Alma é poder e é dela que flui mansidão, humildade e paciência, tudo aquilo que Paulo mencionou como as coisas de Deus, "O homem natural não aceita [...] porque lhes são loucura: não pode entendê-las, porque elas são discernidas espiritualmente". O "homem natural" é a faculdade de raciocínio. As coisas de Deus são recebidas pelo Espírito de Deus, pela consciência de Deus, pela Alma, que é uma camada mais profunda da vida do que a mente. Usamos a mente humana como um canal da consciência, mas reconhecemos a Alma como faculdade criativa.

Dar poder a qualquer coisa externa à consciência é idolatria, é o reconhecimento de um poder separado de Deus. Precisamos chegar à convicção interior de que o poder não existe na forma — qualquer forma, não importa quão boa seja. Qualquer forma pode viver e morrer, mas o Espírito continua para sempre, se renovando e se reformando. Como fomos educados para encarar a vida apenas no seu aspecto material, acabamos prisioneiros desse conceito e, assim, cometemos idolatria; em outras palavras, nós nos curvamos em adoração ou temos alguma forma de bem material. Deixemos de amar, odiar ou temer o que existe no reino externo porque isso não é poder. Uma vez que percebemos que Deus é a única causa, não devemos temer qualquer outra. Assim que entendemos que Deus é a única substância, não devemos temer nada. Mesmo sendo uma atividade da consciência refletida pelo corpo, a vida não está no corpo — amor, saúde, paz, plenitude e perfeição são atividades da consciência. Aí está todo poder.

Não devemos tentar nos prender às formas do corpo, pois não somos o corpo; o corpo é um instrumento para nossa locomoção e atividade neste momento particular, mas não somos o corpo. Não somos dedos, mãos, pernas, coração ou cérebro: somos entidades espirituais num corpo dado a nós por Deus, eterno, nos céus. Em vez de nos apegarmos à forma do corpo, fiquemos na verdade de nossa própria identidade e o corpo será mantido harmoniosamente.

O Mestre promete que, se estivermos dispostos a perder nossa vida, ganharemos a vida eterna. Portanto, se pararmos de tentar nos agarrar à nossa vida como se pudéssemos perdê-la e, em vez disso, percebermos que toda vida é graça de Deus, descobriremos que ela é eterna.

O ensinamento diz: jamais idolatre, odeie, tema ou ame qualquer efeito. Adorar a forma é tolerar a idolatria. No momento que qualquer forma torna-se uma necessidade em nossa experiência, estamos colocando nossa liberdade, nossa felicidade e nossa alegria nela em vez de colocar no Infinito Invisível, que é a causa da forma. Continuemos a amar todas as coisas boas da vida, mas nunca a ponto de não permitir que desapareçam e outras tomem seu lugar. Todas as relações humanas, seja com pais, marido, esposa ou filhos nos são dadas para a plenitude na nossa existência. Vamos entendê-los, amá-los e dar a eles a importância que merecem, mas lembremos que a nossa vida está oculta com Cristo em Deus, não em alguma forma externa.

Desde a manhã até a noite somos confrontados com aparências que nos fazem acreditar que há poder no efeito. É por isso que, num mundo tão abundantemente suprido com todas as formas de bem — diamantes, pérolas, prata, petróleo, legumes, peixe, fruta — as pessoas ainda estão pedindo suprimento. Acreditam que são essas as formas do bem quando, na verdade, tudo está dentro delas. Essas coisas são efeitos do suprimento, enquanto a consciência é a fonte de tudo, pois o suprimento é espiritual, uma atividade da consciência. A princípio podemos concordar com isso só intelectualmente, mas quando isso for compreendido espiritualmente veremos que, embora seja visível no exterior, o mundo do suprimento é interno.

Não vemos, ouvimos, saboreamos, tocamos ou cheiramos o suprimento; o que vemos e podemos tocar é a *forma* que ele toma. Somos conscientes da forma nas diversas substâncias que nosso suprimento toma, mas perceber que ele é interno, que é uma atividade da consciência, é torná-lo infinito, seja de palavras, dinheiro ou transporte. Se virmos que o suprimento é o Espírito invisível de Deus em nós, então o efeito desse suprimento aparecerá em forma. Assim que usarmos as formas nas quais ele aparece, o suprimento invisível novamente se manifestará, porque é infinito, é sempre onipresente, e ele mesmo, que é o Espírito de Deus em nós, irá reproduzi-lo. Não mais viveremos somente de pão, mas de uma consciência da Presença de Deus que não requer palavras, pois repousa num único Deus.

À medida que persistirmos nisso durante o dia, a noite, a semana, o mês, gradualmente chegaremos a um ponto em que o reconhecimento dessa verdade ficará tão automático quanto dirigir um automóvel. Quando aprendemos a dirigir, temos que prestar atenção no pé esquerdo, no pé direito, na mão esquerda e na mão direita; mas, em pouco tempo, dirigimos sem mais pensar em nossas mãos ou pés. O mesmo acontece aqui: no final de um mês, veremos que não temos que pensar em Deus como sendo Um ou em Deus como sendo vida. Não temos que pensar em nada disso, porque fará tão parte de nossa consciência que, no momento em que tivermos um mau pensamento, ele será apagado sem qualquer esforço consciente de nossa parte.

A partir de agora aceitamos como nosso princípio: Deus é Um, Deus é a única lei, Deus é a única Presença, Deus é a única substância, Deus é o único Poder e não há poder no efeito. Entretanto, de repente, damos poder a algum efeito. Que diferença faz a aparência que esse efeito tem uma vez que Deus é o único poder? *Acreditamos realmente que Deus é o único poder?*

Só Deus é poder. Deus é Um: único Poder, única Vida, único Amor, único Espírito, única causa, único Ser, única fonte. Nada vem para nossa experiência, a menos que venha de Deus. A próxima vez que algo que chamamos de mal vier nos atingir, lembremo-nos desse princípio e digamos: "Isso também é de Deus... se faço minha cama no abismo, Tu estás lá". Ainda que desçamos ao inferno, encontramos Deus e, ao encontrá-Lo, o inferno se transforma em paraíso. A mudança ocorre em nossa experiência no momento em que não reconhecemos nenhuma fonte, nenhuma causa, nenhum efeito, nenhum poder, nenhuma presença, ninguém, a não ser Deus.

Ao praticarmos esse princípio hora após hora, dia após dia, durante um mês ou dois, mantendo Deus como a lei de nosso ser, Deus como a fonte de nosso bem, Deus como a atividade do nosso dia —, nossa experiência inteira se modifica. No início, esse princípio está no reino da mente, mas pela prática constante, passa da mente para o coração, para a consciência, assumindo e conduzindo a nossa vida.

> Amarás, pois, o Senhor teu Deus de todo o teu coração, e de toda a tua Alma, e de todas as tuas forças.
>
> DEUTERONÔMIO 6:5

IV. A INFINITA NATUREZA DO SER INDIVIDUAL

Há uma velha história sobre um grande mestre espiritual que bateu às portas do céu a fim de entrar no Paraíso. Depois de algum tempo, Deus veio até a porta e perguntou: "Quem está aí? Quem bate?"

Respondeu o mestre confiantemente: "Sou eu."

"Desculpe-me, sinto muito. Não há lugar no céu. Pode ir embora. Volte mais tarde."

O bom homem, surpreso com a recusa, foi embora intrigado. Depois de vários anos meditando e pensando sobre essa recepção estranha, voltou e bateu novamente na porta. Foi recebido com a mesma pergunta e deu uma resposta semelhante. Mais uma vez lhe foi dito que não havia lugar no céu; estava completamente lotado.

Passados alguns anos, o mestre se aprofundou mais e mais dentro de si, meditando e pensando. Depois de um longo tempo, bateu às portas do céu pela terceira vez. Mais uma vez Deus perguntou: "Quem está aí?"

Dessa vez, sua resposta foi: "És Tu".

As portas se abriram e Deus disse: "Entre. Nunca houve espaço entre Mim e ti."

Não há Deus *e* você; ou Deus *e* eu; só há um Deus expresso, manifestado como ser individual. Há apenas uma vida, a do Pai. Permaneceremos fora do céu sem nenhuma esperança de entrar, enquanto acreditarmos que temos uma individualidade à parte de Deus, que somos seres separados e independentes de Deus.

Ao longo dos séculos, a dualidade tem nos separado de nosso bem, o que não passa de ilusão, uma vez que não há dualidade. O segredo da vida é a unidade, que não depende de nós. Unidade é um estado de ser.

Tome como exemplo um copo de vidro e pense no lado de fora e de dentro desse copo. Onde termina o lado de fora e onde começa o lado de dentro? Na verdade, há um lado externo e um lado interno? Há dois lados para esse copo ou há simplesmente um copo? O lado de fora não é dentro e o de dentro não é fora? Não é o exterior e o interior dele uma mesma peça de vidro? O exterior do copo executa uma função e o interior outra?

Quando fica claro para nós que o exterior e o interior do copo são o mesmo pedaço de vidro, podemos ver a relação entre Deus e o homem. Não há tal coisa como Deus *e* o homem, assim como não há um exterior e um interior do copo, separado e à parte um do outro. Eles são um. Deus é a nossa individualidade invisível e nós somos a expressão visível de Deus, mas assim como o copo, não somos dois. Apenas na função somos dois: Deus é o princípio criador, a fonte, a atividade e a lei do nosso ser; e o nosso ser é Deus em expressão ou manifestação. Nós, como indivíduos, recebemos nossa vida, lei, causa, substância, realidade e continuidade do Invisível Infinito, e essa atividade invisível se torna visível como a harmonia do nosso ser.

Voltando ao exemplo do copo, observamos que uma qualidade que parece pertencer a ele, na realidade, pertence ao vidro do qual é formado. O vidro é, portanto, a substância do copo, e é ele que determina a qualidade e a natureza do copo. O mesmo se dá conosco. Deus, nosso ser interior, é a qualidade, a quantidade, a causa, a realidade e a substância do nosso ser. Tudo o que Deus é, nós somos; meu ser individual, assim como o seu, são manifestações desse ser interior.

Deus não faz acepção de pessoas, não tem favoritos — nenhuma religião, raça, ou nacionalidade. No que diz respeito a Deus, Ele é Um. O grau de nossa manifestação é o grau da nossa consciência dessa relação. Se uma pessoa acredita que tem qualidade, natureza ou característica próprias, ela estabelece um sentido de limitação que a separa do infinito de sua manifestação. Começa a morrer diariamente quando deixa de lado a crença de que tem qualidades, atividades ou características suas próprias e percebe que é Deus, em Si, seu Ser interior aparecendo exteriormente e que é este Ser interior que possui todos os atributos, atividades e características.

Este é o significado da declaração de Paulo: "Eu morro todos os dias". Devemos morrer para cada pensamento de que somos ou temos algo de nós mesmos separados e apartados de Deus. Devemos morrer para a crença de saúde, tanto quanto para a crença de doença, pois, espiritualmente, não há doença nem saúde, porque não somos e nem possuímos nada. Sofrer de doença ou desfrutar de boa saúde significa ter posse de algo. Deus não tem nem saúde nem doença; Deus é Espírito e tudo o que possuímos é o Espírito de Deus. Nós superamos esse par de opostos, saúde e doença, quando percebemos que não há individualidade separada de Deus: a única coisa que nós podemos ter é o que Deus tem. O Ser de Deus é o único ser — nem rico nem pobre, nem doente nem saudável, nem jovem nem velho, nem vivo nem morto. É um estado de imortalidade, um ser eterno, imutável, mas infinito em suas formas e aparências. Reconhecer que não há nenhuma individualidade separada de Deus é compreender o significado do mandamento do Mestre da negação de si mesmo. Devemos negar que nós, por nós mesmos, temos qualidades, caráter, força, saúde, riqueza, sabedoria, glória ou potencialidades. É nosso Ser interior, Deus, que se manifesta externamente como você ou como eu.

A natureza de nossa existência é a imortalidade, eternidade, imensidade. Só pelo fato de Deus ser o nosso ser, pode-se dizer:

> Eu sou infinito, eu sou eterno, eu sou imortal não por mim mesmo, separado e distante de Deus, mas porque Deus é a vida e a substância do meu ser. O infinito é a quantidade do ser, assim como a perfeição é a sua qualidade. O Verbo se fez carne; toda a carne é formada do Verbo de Deus. Meu corpo, portanto, é Verbo perfeito de Deus manifestado. Meu corpo, sendo da essência e substância de Deus e por Ele governado,

pode incorporar apenas a atividade, a harmonia, a graça, a alegria e a beleza de Deus. Nada externo pode afetar a perfeição do meu corpo, seja na forma de alimentos, germes ou comentários de outras pessoas. Nada, que não seja Deus, pode entrar para contaminar ou iludir o meu corpo.

Há uma crença comum de que a comida tem o poder de nos fazer bem ou mal, deixar-nos gordos ou magros, mas o fato é que nossa consciência comanda os órgãos e funções do corpo. É a nossa consciência individual, isto é, a consciência de Deus, que é a lei, a causa, a atividade e a substância dos órgãos, bem como das funções do corpo. Essa mesma consciência é a substância e o nutriente nos alimentos que comemos. A comida, por si só, não tem qualidade ou propriedade para nos nutrir, exceto a que nós lhe atribuímos. Uma vez que concordamos que, por si mesmo, nosso aparelho digestivo não tem poder para agir, mas a consciência é o poder que o move e dirige, podemos ir além e perceber que é essa mesma consciência que confere valor ao nosso alimento.

A partir do momento em que fomos concebidos como seres humanos estamos sob leis materiais e mentais; somos governados pelas leis do alimento, clima, tempo e espaço. Como seres humanos, estamos sempre sob alguma lei, seja ela da natureza, da medicina ou da teologia. Essas leis são, na realidade, crenças universais que agem como lei na nossa experiência até que, conscientemente, percebamos que somos imunes a qualquer coisa e a qualquer pessoa, e que as questões de vida fluem de nós para fora. O que vem de fora não pode nos atingir, uma vez que somos identidades espirituais e não seres mortais concebidos em pecado. Nossa verdadeira identidade é a consciência, o Espírito, a Alma e, portanto, não estamos sujeitos às leis da matéria. Deus é lei infinita e, isso sendo verdade, a única lei é a Lei de Deus, que opera em nossa consciência como lei de harmonia em nossos corpos.

Se essa percepção fosse suficientemente profunda, o desequilíbrio físico seria automaticamente descartado de nossas vidas, mas, como na maioria dos casos, é meramente uma aceitação intelectual, não é eficaz em nossa experiência. Vamos torná-la efetiva por um ato de consciência específico:

> *O Espírito é a minha verdadeira identidade. Eu vim e me tornei separado; eu não pertenço mais ao mundo ainda que esteja nele, portanto, eu não estou sujeito às leis do mundo. Nenhuma dessas crenças humanas se aplica ao filho de Deus, ao descendente do Espírito, que eu sou. Deus é a fonte, a atividade e a lei do meu ser, o que aceito conscientemente. Eu não estou subjugado às leis dos homens, somente à graça. Tua Graça me basta.*

Consideremos cada detalhe de nossa vida nosso corpo, nosso alimento, nossos negócios, nossa casa e, conscientemente, façamos essa transição, percebendo que tudo isso não está mais sob a lei da crença humana, não mais sujeito a circunstâncias ou a mudanças. Tudo que nos diz respeito vem desse depósito infinito dentro do nosso próprio ser:

"Eu tenho carne para comer que vós não conheceis [...] Eu sou o pão da vida: Aquele que vem a mim não terá fome, e quem crê em mim, jamais terá sede." A partir desse depósito infinito, eu alimento meu corpo, gerencio meus negócios, ganho meu sustento, mantenho meus relacionamentos. A partir do momento em que Deus é a minha consciência individual, Ele é a substância da minha vida e incorpora tudo de bom. Ele se torna lei para minha experiência, um manancial de vida jorrando para a vida eterna.

Deus se compraz como nosso ser individual. Se deixarmos de nos preocupar conosco, com nosso bem-estar e com nosso destino, Deus assume e Se satisfaz nos dando a sabedoria, a atividade, a oportunidade e a prosperidade necessárias para que Ele se regozije assim na terra como no céu. Terra existe apenas em contraposição a céu. Ela se torna céu quando deixamos Deus assumir nossa experiência individual.

Existe apenas um Ser, e esse Ser é Deus. Nós alimentamos um falso sentido do Ser: chamamos esse falso sentido pelos nomes de Bill, Mary ou Henry e aí nos preocupamos com Bill, com Mary ou com Henry. Sempre há algum problema a nos atormentar: o aluguel, o coração, a mente ou o amigo. Isso se repete toda vez que somos o centro de nossas preocupações.

No momento em que paramos de nos preocupar e percebemos que somos Deus em sua forma individual e em cujos ombros cai toda responsabilidade, não mais nos sentimos responsáveis. Assim, Deus cumpre o Seu destino como ser individual. Para o mundo, podemos parecer saudáveis, felizes, bem-sucedidos ou prósperos; mas nós sabemos que não é bem assim, uma vez que só Deus é saudável, feliz, bem-sucedido, próspero. O bem que o mundo contempla é Deus cumprindo o nosso destino, quando saímos de cena permitindo que isso aconteça.

Nesse relacionamento com Deus, podemos relaxar, porque agora tudo o que Deus é, flui sem a interferência da palavra "eu", o "eu" que diz: "*Eu* não sou suficientemente instruído; *eu* não tenho bastante experiência; *eu* sou jovem demais para isso; *eu* sou velho demais para aquilo". Se há apenas Deus, haverá alguma falta de instrução ou experiência, ou qualquer problema de idade ou juventude? Não, pois para Deus tudo é possível.

Ao mesmo tempo em que Deus é a mente ou inteligência universal, Ele também é a mente ou inteligência individual. Portanto, a natureza de nossa inteligência e capacidade será infinita e ilimitada, enquanto percebermos Deus como a natureza, o caráter, a qualidade e a quantidade de nossa mente.

Aprendemos que nossa mente é a de Cristo Jesus. Porém é necessário tomar consciência disso. A mente de Deus transcende nossa formação e experiência e nos usa para o seu propósito, quando a reconhecemos conscientemente como nossa mente individual. Essa percepção, por menor que seja, nos diferencia de pessoas comuns; nos tornamos pintores, artistas, escultores, músicos, poetas, videntes, arquitetos, construtores, de uma forma ou de outra, porque estamos sendo atraídos por algo maior do que nós mesmos, maior do que nosso conhecimento ou nossa própria experiência. Moisés, um pastor das montanhas, tornou-se o líder do povo Hebreu. Jesus, conhecido como carpinteiro, tornou-se o Messias.

Deus é a consciência infinita e é também nossa mente e nossa consciência. É com base na nossa consciência que as questões da vida se resolvem; a atividade do suprimento, da saúde, da harmonia e da plenitude. Não há um Deus distante que traz isso para nós. A atividade da Verdade em nossa consciência aparece como o milagre da nuvem de dia, a coluna de fogo durante a noite, o maná caindo do céu, o Mar Vermelho se abrindo, a água brotando das rochas. Deus dentro de nós, o Eu no centro de nosso ser multiplica pães e peixes, é nossa proteção e segurança, mesmo em plena guerra, mesmo em meio às bombas, mesmo no inferno.

> Eu sou o Senhor e não há outro. Eu, dentro de ti, sou poderoso. Eu, em Moisés, fiz a nuvem de dia e a coluna de fogo à noite. Eu, em Jesus, multipliquei os pães, os peixes e curei as multidões.

EU SOU é o Senhor, *EU SOU* é o Salvador, *EU SOU* é Deus. Esse *EU* não é aquela pessoa que se chama Bill, Mary ou Henry, dizendo arrogantemente: "Eu sou Deus". Vem com um suave sussurro no teu ouvido e no meu: "Saiba: *EU* em ti e tu em mim, nós somos um, *EU* dentro de ti sou poderoso". Quando escutamos isso, quando a intuição divina dentro de nós fala dessa Presença, sabemos que esse *EU* é Deus, "mais perto [...] que a respiração e mais próximo do que as mãos ou os pés".

Esse *EU*, que é Deus, nos fez à Sua imagem e semelhança, nos deu Sua natureza e Seu caráter. É uma Presença que nunca nos deixará nem nos abandonará. Mesmo que passemos pela fornalha ardente, essa Presença, o Cristo, nos guiará com segurança, de modo que nem mesmo sentiremos cheiro de fumaça sobre nós. Seja qual for a experiência na vida, até mesmo "no vale da sombra da morte[...] Tu estás comigo". Encontramos o nosso bem na nossa unidade com Deus, e nossa consciência da Presença de Deus aparece diariamente na forma de suprimento, oportunidade, vestuário, transporte, alimentação e como toda expressão de harmonia e beleza na vida.

Todas as discórdias e mazelas do mundo vêm do sentido pessoal do "eu", do sentido de que "eu" sou a fonte, ou "eu" sou o doador, ou "eu" sou isto ou aquilo. Mas "eu" não sou nada por mim mesmo; o Pai é o que *EU* sou, e "eu" sou apenas o instrumento para o Pai, o instrumento da glória do Pai, o instrumento da vida do Pai, a lâmpada através da qual brilha Sua luz.

"Alegre-se, pois seu nome está escrito no céu". Alegre-se, pois você encontrou sua identidade como filho de Deus. Alegre-se, pois sua consciência celeste despertou. Se o Espírito segura sua mão e começa a escrever, se o Espírito se apodera de sua voz e o faz cantar, siga-O. Continue vivendo sua vida rotineira, mas desde manhã até a noite e de noite até de manhã, lembre-se de reconhecer que é o Invisível Infinito que está criando a harmonia, a alegria, a paz e a prosperidade da experiência visível. Persistindo nessa prática, você sentirá e saberá:

> Eu não vivo só pelo alimento: eu não vivo só de pão. Há outro poder agindo em mim. Alguém está fazendo o trabalho; eu não planejo, não faço e nem mesmo penso nisso conscientemente. Um poder maior do que eu é responsável por isso.
> "Eu tenho carne para comer que vós não conheceis [...]". Eu tenho o pão, a água, o vinho. Eu sou a ressurreição. Todo poder de cura, de redenção e de regeneração está dentro de mim.

Esse é o ensinamento transcendental do Mestre.
Como seres humanos, depositamos nossa confiança em pessoas e coisas, instrução, dinheiro, títulos ou investimentos. O homem que tem seu ser em Cristo coloca toda sua confiança no Espírito e confia que Ele traga tudo o que é necessário ao mundo. Sempre que confrontado com alguma necessidade ou desejo, percebamos que somente o Espírito nos satisfaz, e que Ele

é a lei por trás de qualquer desejo. Continuemos com nossa missão, seja ela qual for, seguindo as diretrizes necessárias. Isso é viver uma vida normal, natural, mas deixando que o Espírito, o Invisível Infinito, seja a sua lei, substância, causa e harmoniosa sustentação. Em suma, não mudemos nosso atual modo de vida, a não ser que o Espírito, em si, nos toque e nos direcione para uma nova atividade.

Há um poder nos governando, cuidando, protegendo, mantendo e sustentando. Podemos continuar a atuar no mundo dos negócios, na política ou em casa, mas conscientes da influência sustentadora que nos precede e aplaina os lugares tortuosos. O sentido pessoal de responsabilidade e o medo do que alguém possa nos fazer desaparecem:

> Eu *dentro de mim é poderoso;* Eu *vai à minha frente para aplainar os lugares tortuosos;* Eu *está comigo em águas profundas;* Eu *está ao meu lado na fornalha ardente.*

É a lembrança consciente desse Eu, *a natureza infinita do ser individual*, que deve ser continuamente praticada.

A satisfação só aparece quando você e eu conseguimos abandonar o sentido pessoal de nós mesmos, a fim de que Deus possa se realizar. Fiquemos sempre atentos para evitar a presunção de que Deus está nos preenchendo, fazendo algo por nós ou para nós. A realização espiritual significa Deus preenchendo a

Si mesmo, cumprindo Seu destino. Deixe Deus ser a única Presença; deixe-O ser o único poder; deixe-O ser a luz. "Levanta-te, resplandece, porque tua luz chegou e a glória do Senhor nasceu sobre ti." A glória de Deus brilha eternamente como ser individual infinito.

V. Ame teu próximo

E Jesus disse-lhe: Amarás ao Senhor teu Deus de todo o teu coração, e de toda a tua Alma, e com toda a tua mente.
Este é o primeiro e o maior mandamento.
E o segundo, semelhante a esse, é: Amarás o teu próximo como a ti mesmo.

MATEUS 22: 37-39

Os dois grandes mandamentos do Mestre formam a base do nosso trabalho. No primeiro e maior mandamento aprendemos que não há poder separado de Deus. Nossa percepção deve ser sempre de que o Pai dentro de nós, o Invisível Infinito, é a nossa vida, nossa Alma, nosso suprimento, nossa fortaleza. O próximo mandamento em importância é "Amarás o teu próximo como a ti mesmo"; consequentemente, façamos aos outros o que gostaríamos que fizessem a nós.

O que é amor no sentido espiritual? O que é o amor que é Deus? Quando nos lembramos de como Deus se fez presente com Abraão, com Moisés no deserto, com Jesus, João e Paulo, a palavra "amor" adquire um novo significado. Vemos que esse amor não é algo distante, nem é algo que pode vir até nós. Já faz parte do nosso ser, já está estabelecido dentro de nós e, mais do que isso, é universal e impessoal. À medida que esse amor universal e impessoal flui de nós, começamos a amar o nosso próximo, porque é impossível sentir amor por Deus e não amar nosso irmão.

> Se alguém diz: "Eu amo a Deus" e odeia seu irmão, é mentiroso, pois quem não ama seu irmão, ao qual vê, como pode amar a Deus, a quem não vê?"
>
> JOÃO 4:20

Deus e o homem são um só e não há como amar a Deus sem que esse amor atinja nosso próximo, seja ele uma pessoa, um lugar, um animal ou uma coisa, tudo isso é o nosso próximo. Cada ideia na consciência é o nosso próximo, o qual só podemos amar, depois de reconhecermos nele o poder que vem de Deus. Quando virmos Deus como causa e o nosso próximo como aquele que está em Deus, então passaremos a amá-lo, seja na forma de um amigo, parente, inimigo, animal, flor ou pedra. Nesse amor, que compreende todos como sendo Deus, oriundos da substância Dele, descobrimos que tudo o que nos vem à consciência assume seu exato lugar. Aqueles que fazem parte de nossa experiência vêm até nós, e aqueles que não fazem, são afastados. Amemos o nosso próximo espiritualmente, contemplando o amor como a substância de tudo aquilo que é, não importando sua forma. Estaremos amando de verdade quando nos elevarmos acima de nossa humanidade para uma dimensão superior de vida, na qual entendemos que o nosso próximo é puro ser espiritual governado por Deus, nem bom nem mau.

O amor é a Lei de Deus. Quando estamos em sintonia com o amor divino, seja amor de amigo ou inimigo, então o amor é algo suave que traz paz. Mas é suave somente se estamos em sintonia com ele. O mesmo ocorre com a eletricidade. Ela é muito eficiente e útil, fornece luz, calor e energia, desde que suas leis sejam obedecidas. No minuto em que são violadas, podem se tornar perigosas. A lei do amor é tão inexorável quanto a lei da eletricidade.

É importante que fique bem claro: não podemos prejudicar ninguém e ninguém pode nos prejudicar nem nos ferir; nós próprios nos ferimos por violar a lei do amor, pois a pena recai sempre sobre aquele que pratica o mal, nunca sobre aquele para quem o mal é feito. A injustiça que cometemos contra alguém volta contra nós mesmos; quem rouba ao outro, rouba a si. A lei do amor, inevitavelmente, faz com que a pessoa que parece ter sido prejudicada, seja realmente abençoada, tendo uma incrível e rara oportunidade de se aprimorar; enquanto que o autor da má ação é assombrado pelas lembranças do que fez, até o dia em que conseguir perdoar a si mesmo. A prova de que isso é verdade está na palavra "Eu". Deus é a nossa individualidade. Deus é a minha e a sua individualidade. Deus constitui o meu ser, pois Ele é a minha vida, minha Alma, meu espírito, minha mente e minha atividade. Deus é o meu Ser. Esse Ser é o único que existe — meu Ser e seu Ser. Se eu roubar o seu Eu, a quem estarei roubando? A meu Ser. Se eu mentir sobre o seu Ser, sobre quem estarei mentindo? Meu Ser. Se eu enganar o seu Ser, a quem estarei enganando? A meu Ser. Por haver apenas um Ser, o que faço para o meu próximo, faço a mim mesmo.

O Mestre nos ensinou no Capítulo 25 de Mateus, quando disse: "Visto que fizestes isso a um dos menores dos meus irmãos, vós fizestes isso a mim". Tanto o bem quanto o mal que eu possa fazer recairão sobre mim. Devemos chegar ao ponto de realmente acreditar e poder dizer com todo o nosso coração: "Há apenas um Ser. A injustiça que cometo ao outro, cometo a mim mesmo. A falta de consideração que demonstro ao outro, na realidade, demonstro a mim mesmo". O verdadeiro significado de fazer aos outros o que gostaríamos que fizessem a nós é revelado quando chegamos a esse entendimento.

Deus é um ser individual, o que significa que Deus é o único Ser, e não há mal que consiga profanar a infinita pureza da Alma de Deus. Quando o Mestre repetiu a antiga sabedoria: "Portanto, todas as coisas que vós quereis que os homens vos façam, fazei vós também a eles, porque essa é a lei e os profetas", Ele estava nos dando um princípio: a menos que façamos aos outros aquilo que gostaríamos que fizessem a nós, prejudicamos, não os outros, mas a nós mesmos. No atual estado da consciência humana, é verdade que os maus pensamentos, atos desonestos e palavras impensadas que infligimos aos outros podem atingi-los temporariamente, mas, no final das contas, se constatará que o mal causou mais danos a nós do que a eles.

No futuro, quando os homens reconhecerem a grande Verdade de que Deus é o Ser de cada indivíduo, o mal que os outros quiserem nos causar, nunca irá nos tocar, mas irá ricochetear imediatamente sobre aquele que o causou. À medida que reconhecemos Deus como nosso ser individual, percebemos que nenhuma arma forjada contra nós pode prosperar, porque o único Eu é Deus. Não teremos medo de nada que o homem possa nos fazer, pois o nosso Ser é Deus e não pode ser prejudicado. Tão logo percebemos essa Verdade, não nos preocupamos com o que o nosso próximo nos faz. Precisamos vigiar nossos pensamentos, palavras e ações a todo momento para que não tenham repercussões indesejáveis. E não devemos agir assim por temermos más consequências. A revelação do Ser é muito mais profunda do que isso: nos permite ver que Deus é a nossa individualidade e que qualquer mal que alguém queira nos causar só terá poder se lhe concedermos tal poder. Por isso, todo bem ou todo mal que fazemos aos outros, fazemos ao Cristo do nosso próprio ser. "Visto que fizestes isso para um dos menores dos meus irmãos, tendes feito isso a mim". Com essa percepção, veremos que isso se aplica a todos os homens, e que o único caminho para uma vida bem-sucedida e satisfatória é compreender que o nosso próximo é o nosso Ser.

O Mestre nos instruiu, enfaticamente, quanto às maneiras pelas quais podemos servir a nossos semelhantes. Sua missão foi curar os doentes, ressuscitar os mortos e alimentar os pobres. No exato momento em que nós nos transformamos em caminhos pelos quais flui o amor divino, começamos a servir uns aos outros, expressando e compartilhando amor e devoção, tudo em nome do Pai.

Vamos seguir o exemplo do Mestre que não atribuía os feitos e nem buscava glórias para Si. Sempre foi o Pai que fez as obras. Algumas pessoas se perguntam por que saem de mãos vazias, quando são sempre tão caridosas. Acham que algo lhes falta porque acreditam que deram dos seus próprios bens e se esquecem de que, na realidade, "a terra é do Senhor e toda a sua plenitude". Se expressarmos amor por nosso próximo percebendo que não estamos dando nada de nós, mas daquilo que é do Pai, de quem todo bem e perfeição vêm, descobriremos que, mesmo com todas as nossas doações, ainda sobram "doze cestos cheios". Acreditar que estamos doando de nossa propriedade, de nosso tempo ou de nossa força reduz tais doações à filantropia e não traz nenhuma recompensa. A doação verdadeira vem quando há o reconhecimento de que "a terra é do Senhor", e que se nós damos do nosso tempo ou do nosso esforço, não estamos dando de nós, mas daquilo que pertence ao Senhor. Assim estaremos expressando o amor que é de Deus.

Quando perdoamos, é o amor divino que flui de dentro de nós. Quando oramos por nossos inimigos, estamos amando divinamente. Ao orarmos por nossos amigos nada lucramos; as maiores recompensas da oração vêm quando reservamos um tempo específico a cada dia para orar por aqueles que nos maldizem, por aqueles que nos perseguem, por aqueles que são nossos inimigos, não apenas pessoais, porque nem todos têm inimigos pessoais, mas religiosos, raciais ou étnicos. O Mestre nos ensinou: "Pai, perdoa-lhes, porque eles não sabem o que fazem". Quando oramos por nossos inimigos pedindo para que seus olhos se abram para a Verdade, eles, muitas vezes, se tornam nossos amigos.

Comecemos essa prática em nossos relacionamentos. Se há pessoas com quem não nos relacionamos harmoniosamente, encontremos uma maneira de nos aquietar e rezar para que o amor fraterno e a harmonia sejam estabelecidos entre nós; que em vez de termos inimigos, possamos estabelecer uma relação de fraternidade espiritual que torne nosso relacionamento com todos harmônico e alegre como nunca.

Isso não é possível se estamos em desarmonia com alguém. Se alimentarmos animosidade pessoal, ódio étnico ou religioso, preconceito ou intolerância, nossas orações se tornam inúteis. Quando orarmos devemos ir a Deus com as mãos limpas e, para isso, precisamos deixar nossos ressentimentos de lado, fazer a oração do perdão por aqueles que nos ofenderam, já que "eles não sabem o que fazem", e em seguida, reconhecer: "Eu me relaciono com Deus como filho e, portanto, me relaciono com todas as pessoas como irmãos". Só quando estabelecemos esse estado de pureza dentro de nós, podemos pedir ao Pai:

Dá-me a graça; dá-me a compreensão; dá-me a paz; dá-me o pão e a compreensão espiritual de cada dia. Dá-me o perdão, mesmo para aquelas faltas inofensivas que eu cometi involuntariamente.

Aquele que se volta para dentro de si em busca da luz interior, da graça, da compreensão e do perdão, nunca falha em suas orações.
A Lei de Deus é a lei do amor, a lei de amar os nossos inimigos, não temê-los e não odiá-los, mas amá-los. Seja lá o que nos façam, não vamos revidar. Resistir ao mal, retaliá-lo ou buscar vingança é reconhecê-lo como realidade. Se resistimos ao mal, o refutamos, nos vingamos ou revidamos, não estamos orando por nossos inimigos, que acintosamente nos usam e nos perseguem.
Como podemos dizer que reconhecemos somente o bem, Deus como o único poder, se odiamos nosso próximo ou fazemos mal a alguém? Cristo é a verdadeira identidade, e reconhecer outra identidade além de Cristo é nos afastar da consciência Crística.

> Amai a vossos inimigos, bendizei os que vos maldizem, fazei bem aos que vos odeiam, e orai pelos que vos maltratam e vos perseguem; para que sejais filhos do vosso Pai que está nos céus: porque faz que o Seu sol se levante sobre maus e bons, e que a chuva desça sobre justos e injustos.
>
> MATEUS 5:44, 45

Não há outra maneira de ser o Cristo, o Filho de Deus. A mente Crística não tem em si nenhum julgamento, nenhuma condenação, nenhuma crítica, mas contempla o Cristo de Deus como a atividade do ser individual na sua Alma e na minha. Os olhos não compreendem isso porque, como seres humanos, somos bons e maus; mas espiritualmente somos os Filhos de Deus e, através dessa consciência, podemos enxergar o bem espiritual em cada um. Não há espaço na vida espiritual para perseguição, julgamento ou condenação de qualquer pessoa ou grupo de pessoas. Não é apenas inconsistente, mas hipócrita falar sobre o Cristo e nosso grande amor por Deus e depreciar o próximo por sua raça, credo, nacionalidade, filiação política ou posição econômica. Não se pode ser Filho de Deus enquanto se persegue ou se odeia alguém ou alguma coisa, mas apenas quando a consciência está isenta de qualquer julgamento ou condenação.

A interpretação mais comum de "não julgar" é que não devemos ver o mal em ninguém; porém, temos que ir muito além disso, não vendo, tão pouco, o bem em ninguém e nem os rotulando de bons ou maus. O Mestre disse: "Por que me chamais de bom? Ninguém é bom a não ser um, que é Deus". É o cúmulo da presunção, dizer: "Eu sou bom, generoso, benevolente, tenho caráter e bom entendimento". Se manifestamos alguma característica boa, não vamos nos considerar bons, mas reconhecer essa qualidade como atividade de Deus. "Filho, tu sempre estás comigo, e tudo o que é meu é teu." Todo o bem do Pai é manifestado através de nós.

Um dos princípios básicos do Caminho Infinito é que ser uma pessoa boa não é suficiente para garantir a nossa entrada no reino espiritual, nem para nos trazer a unidade com a lei Cósmica. Sem dúvida, é melhor ser bom do que mal, assim como é melhor ser saudável do que doente, mas adquirir saúde ou alcançar o bem, em si, não é vida espiritual. Nós a conhecemos somente quando nos elevamos sobre o bem e o mal humanos e percebemos que "não há seres humanos bons ou maus. Cristo é a única identidade". Assim olhamos para o mundo e não vemos nem homens e mulheres bons, nem homens e mulheres maus, mas reconhecemos apenas o Cristo neles.

> Portanto, se trouxeres a tua oferta ao altar, e aí te lembrares de que teu irmão tem alguma coisa contra ti, deixa ali diante do altar a tua oferta, e vai reconciliar-te primeiro com teu irmão e, depois, vem e apresenta a tua oferta.
>
> MATEUS 5:23-24

Enquanto chamarmos nosso irmão de bom ou mau, justo ou injusto, estaremos em conflito com ele e inaptos para a oração de comunhão com o Infinito. Nós nos distinguimos dos escribas e fariseus somente quando paramos de ver o bem e o mal, de nos vangloriar da bondade, como se qualquer um de nós pudesse ser bom. A bondade é atributo e atividade somente de Deus, e por ser assim é universal.

Nunca pensemos em um ser humano como se ele precisasse de cura, de emprego ou de riquezas, porque se assim fizermos, seremos seu inimigo em vez de amigo. Se houver qualquer homem, mulher ou criança que acreditamos estar doente, ser pecador, ou estiver morrendo, não oremos até que tenhamos nos reconciliado com esse irmão, pedindo perdão por termos cometido o erro de julgar, porque todos são Deus em expressão. Tudo é Deus manifestado. Só Deus constitui este universo, bem como a vida, a mente e a Alma de cada indivíduo.

"Não darás falso testemunho contra teu próximo" tem uma conotação muito mais ampla do que, meramente, não espalhar boatos ou fofocas sobre ele. Não devemos manter o nosso próximo em humanidade. Se dissermos: "Meu próximo é bom," estaremos dando falso testemunho contra ele, tanto quanto se disséssemos: "Meu próximo é mau," porque isso demonstra que reconhecemos sua condição humana, às vezes bom e às vezes mau — e não a espiritual. Dar falso testemunho contra o próximo é declarar que ele é humano, que é finito, que tem falhas, que é menos do que o próprio Filho de Deus. Toda vez que reconhecemos a condição humana, violamos a lei cósmica. Toda vez que reconhecemos o nosso próximo como pecador, pobre, doente ou morto, como outro que não o Filho de Deus, daremos falso testemunho contra ele.

Violando a lei cósmica atraímos nossa própria punição. Deus não nos pune; nós nos punimos porque se dizemos "você é pobre", praticamente estamos dizendo que "eu sou pobre", uma vez que há somente um *Eu* e um Ser. Assim, a verdade que diz respeito a *você*, diz respeito a *mim*. Se eu aceitar a crença de pobreza no mundo, ela reage sobre mim. Se eu disser que você está doente ou que você não é gentil, estarei aceitando uma característica separada de Deus, uma atividade à parte de Deus e, dessa forma, estarei condenando a mim mesmo, porque só existe um Ser. Finalmente, quando dou falso testemunho contra alguém, me condeno e sou o único a sofrer as consequências.

A única maneira de evitar falso testemunho contra o próximo é perceber que Cristo é nosso próximo, que nosso próximo é um ser espiritual, o Filho de Deus exatamente como nós. Ele pode não saber; nós podemos não saber; mas a verdade é: eu Sou o Espírito, eu Sou a Alma, eu Sou a consciência, eu Sou Deus expresso — assim como o nosso próximo...

No Sermão da Montanha, o Mestre nos deu um guia e um código de conduta para seguirmos enquanto desenvolvemos a consciência espiritual. O *Caminho Infinito* enfatiza os valores espirituais, um código espiritual que, automaticamente, resulta em boa conduta. Ser humanamente bom é uma consequência natural da identificação espiritual. Seria difícil compreendermos que o Cristo é a Alma e a vida do ser individual e mesmo assim discutirmos e difamarmos nosso próximo. Depositamos nossa fé, crédito e confiança no Invisível Infinito e não levamos em consideração as circunstâncias e condições humanas. O mandamento "Amarás o teu próximo como a ti mesmo", fala do amor humano, do afeto ou da amizade; ele identifica nosso próximo espiritualmente e, consequentemente, vemos efeito dessa identificação correta no aspecto humano.

Muitas vezes temos dificuldade em amar o próximo porque acreditamos ser ele a barreira entre nós e o nosso bem. Isso está longe de ser verdade. Nenhuma influência externa para o bem ou para o mal pode nos atingir, pois nós mesmos liberamos o nosso bem. Para entender o significado completo disso, é necessária uma mudança na consciência. Como seres humanos, achamos que existem pessoas no mundo capazes, se quiserem, de nos fazer o bem ou nos causar mal, dano ou destruição. Como isso pode ser verdade se Deus é a única influência em nossa vida Deus, que está "mais perto [...] que a respiração, e mais próximo do que as mãos ou os pés"? A única influência, que é sempre boa, é a do Pai interior. "Não poderias ter poder nenhum contra mim se não te fosse dado do alto".

Quando percebemos que a nossa vida se desdobra de dentro do nosso próprio ser, chegamos à conclusão de que ninguém na terra jamais nos machucou e nos ajudou. Toda dor que já tivemos na vida foi resultado direto de nossa incapacidade de contemplar o universo como sendo espiritual. Qualquer que seja a forma de o encararmos, louvando-o ou condenando-o, sempre nos consideraremos culpados. Se olharmos para trás, muitas vezes conseguimos enumerar as razões para cada discórdia que tivemos. Sempre foi a mesma coisa, porque nunca tivemos um olhar espiritual.

Ninguém pode nos beneficiar nem sequer nos prejudicar. Tudo o que sai de nós volta para nos abençoar ou para nos condenar; em outras palavras, criamos o nosso próprio bem e o nosso próprio mal. Deus não faz nenhum dos dois: Deus é. Deus é um princípio de amor. Se estamos em unidade com esse princípio, então atraímos o bem; mas se não estamos, atraímos o mal para nossa experiência, pois tudo que flui secretamente da nossa consciência é demonstrado ao mundo em nossas ações.

Tudo que emana de Deus na consciência do homem, individual ou coletivamente, é poder. O que emana de Deus e atua na consciência do homem senão amor, verdade, integridade, perfeição, plenitude; todos os atributos de Cristo? Porque há um único Deus, um Poder infinito, o amor deve ser a emoção que controla o coração e a Alma de cada pessoa na face da terra.

Em contraste com isso estão os pensamentos de medo, dúvida, ódio, ciúme, inveja e animosidade, que provavelmente falam mais alto na consciência de muitos dos povos do mundo. Nós, como buscadores da Verdade, pertencemos a uma minoria dos que receberam a revelação de que os maus pensamentos não são poder e que não têm controle sobre nós. Nem todo mal ou pensamento falso na terra tem poder sobre você ou sobre mim, a partir do momento em que entendemos que o amor é o único poder. Não há poder no ódio; não há poder na animosidade; não há poder no ressentimento nem na luxúria, na ganância ou na inveja.

Poucas pessoas no mundo são capazes de aceitar o ensinamento de que o amor é o único poder e estão dispostas a "se tornar como criança". Os que aceitam esse ensinamento básico do Mestre são aqueles de quem Ele disse:

[...] Graças te dou, ó Pai, Senhor do céu e da terra, que escondeste estas coisas aos sábios e inteligentes e as revelaste às criancinhas; assim é, ó Pai, pois assim foi do teu agrado.
[...] Bem-aventurados os olhos que veem o que vós vedes:
Pois vos digo que muitos profetas e reis desejaram ver o que vós vedes, e não o viram; e ouvir o que ouvis, e não as ouviram.

LUCAS 10:21, 23, 24

Uma vez que aceitarmos este importante ensinamento do Mestre e enxergarmos além da aparência, perceberemos conscientemente, a todo instante, que todos somos fortalecidos com o amor do Alto e que o amor na consciência é o único poder, um poder do bem para você e para mim, e que o mal no pensamento humano, seja na forma de cobiça, inveja, luxúria ou ambição desmedida, não é poder; portanto, não deve ser temido nem odiado.

Conhecemos nosso irmão conhecendo a verdade sobre ele: saber que o que nele está, que é de Deus, é poder, e o que nele está que não é de Deus, não é poder.

Assim estaremos amando nosso irmão verdadeiramente. Séculos de ensino ortodoxo incutiram em todos os povos o sentimento de separação e desenvolveram interesses distintos e apartados entre si. No entanto, quando há plena convicção do princípio da unidade no nosso interior, o leão e o cordeiro podem se deitar juntos.

Isso se torna verdade quando compreendemos o significado correto da palavra "Eu". Assim que captamos verdadeiramente que o *Eu* em mim é o *Eu* em você, nossos interesses se tornam os mesmos. Não haveria guerras nem conflito de qualquer tipo se ficasse claro que o Ser real de todos no universo é o único Deus, o único Cristo, a única Alma e o único Espírito e, em virtude dessa unidade, o que beneficia um, beneficia a todos.

Nessa unidade espiritual, estamos em harmonia uns com os outros. Ao experimentarmos isso, vemos rapidamente que todos que encontramos são semelhantes a nós, que a mesma vida os anima, a mesma Alma, o mesmo amor, a mesma alegria, a mesma paz, o mesmo desejo pelo bem. Em outras palavras, o mesmo Deus é glorificado dentro de todos aqueles com quem entramos em contato. Podem eles estar ou não conscientes dessa Presença divina dentro do seu ser, mas passarão a identificá-la no momento em que nós a reconhecermos neles. No mundo dos negócios, seja entre colegas de trabalho, empregadores, funcionários ou concorrentes, a seguinte atitude de reconhecimento deve ser assumida:

Eu sou você. Meu interesse é o seu interesse; seu interesse é o meu, uma vez que uma única vida anima o nosso ser, uma única Alma, o Espírito de Deus. Tudo o que fazemos para o outro, o fazemos por causa do princípio que nos une.

A diferença é imediatamente perceptível em nossas relações comerciais e na nossa comunidade e em última instância, nas relações nacionais ou internacionais. No momento em que abandonamos nosso entendimento humano de separação, esse princípio passa a atuar em nossa experiência. Jamais falhou e jamais deixará de produzir ricos frutos.

Todos estão aqui na terra por um único objetivo: mostrar a glória, a divindade e a plenitude de Deus. Nessa percepção, entraremos em contato apenas com aqueles que serão uma bênção para nós, da mesma forma que seremos uma bênção para eles.

Toda vez que buscamos o bem em alguém, encontramos o bem hoje e o mal amanhã. O bem espiritual pode vir do Pai para mim, *através* de você, mas não vem *de* você. Você não pode ser a fonte de qualquer bem para mim, porém o Pai pode usá-lo como instrumento para que o Seu bem flua para mim através de você. Então, quando olhamos para os nossos amigos ou para a nossa família por esse prisma, eles se tornam instrumentos de Deus, do bem de Deus, que nos chega através deles. Vivemos sob a graça, sabendo que todo o bem emana do Pai interior. Pode parecer que esteja vindo a partir das mais variadas pessoas, mas é a emanação do bem de Deus do nosso interior.

Qual é o princípio? "Ama o teu próximo como a ti mesmo". Obedecendo a esse mandamento amamos amigos e inimigos; oramos por nossos inimigos; perdoamos ainda que seja setenta vezes sete; não levantamos falso testemunho contra o próximo; não julgamos nada como bem ou mal, mas vemos, em todas as aparências, a identidade do Cristo — o único Ser que é, ao mesmo tempo, seu Ser e meu Ser. Então, pode-se dizer:

> [...]Vinde, benditos de meu Pai! Entrai na posse do Reino que vos está preparado desde a fundação do mundo:
> Porque tive fome, e me destes de comer; tive sede, e me destes de beber; era estrangeiro, e me hospedastes; estava nu, e me vestistes; enfermo, e me visitastes; preso, e fostes me ver.
> Então, perguntarão os justos: Senhor, quando foi que Te vimos com fome e Te demos de comer? Ou com sede e Te demos de beber?
> E quando Te vimos estrangeiro e Te hospedamos? Ou nu e Te vestimos?
> E quando Te vimos enfermo ou preso e Te fomos visitar?
> O Rei, respondendo, lhes dirá: Em verdade vos afirmo que, sempre que o fizestes a um destes meus pequeninos irmãos, a mim o fizestes.
>
> MATEUS 25:34-40

VI. Àquele que tem

Quando o Mestre foi chamado para alimentar as multidões, e os discípulos lhe disseram que havia apenas alguns pães e alguns peixes, Ele não achou que isso era pouco. Não, Ele começou com o que estava disponível e multiplicou, porque sabia que "àquele que tem, lhe será acrescentado e àquele que não tem, lhe será tirado até mesmo o que tem".

As *Escrituras* contam a história da viúva que alimentou Elias. Mesmo com apenas um "punhado de farinha numa panela e um pouco de azeite na botija", não se queixou de que seria insuficiente para compartilhar; fez um pequeno bolo para Elias antes de assar um para si e para seu filho. "E a vasilha de farinha não se acabou, nem a botija de azeite." Ela tinha pouco, mas usou o que tinha e deixou fluir tudo de si.

Dia após dia, somos confrontados com a mesma pergunta: O que temos? Se estivermos bem fundamentados na letra da Verdade, a resposta é clara e certa:

> *Eu tenho; tudo o que Deus tem, eu tenho porque "Eu e meu Pai somos um". O Pai é a fonte de todo o suprimento. Nessa relação de unidade, eu incorporo todo suprimento. Como, então, posso esperar que Ele venha a mim de fora? Aceito que já tenho tudo o que o Pai tem devido à minha unidade com Ele.*

Somos nós que recebemos ou somos o centro de onde a plenitude de Deus flui? Somos a multidão sentada aos pés do Mestre esperando ser alimentada ou somos o Cristo alimentando aqueles que não estão despertos? Nessa resposta encontra-se o nosso grau de plenitude espiritual. "Eu e meu Pai somos um" significa exatamente isso. Não procuremos nosso bem fora de nós, mas olhemos para o nosso interior através do qual Deus flui. É função do Cristo, o Filho de Deus, ser o instrumento pelo qual o bem de Deus se derrama sobre o mundo:

> Sou o centro através do qual Deus opera e, portanto, compreendo a natureza do suprimento. Uma vez que a atividade do próprio Cristo é o suprimento, então tudo que preciso fazer é deixá-lo fluir. Porque "Eu e o Pai somos um", e eu sou o Cristo, o Filho de Deus, eu sou o meio através do qual Deus flui. Portanto, posso dar conta de tudo que for exigido de mim ao reconhecer aquilo que tenho.

O ser humano que se conscientiza disso passa de receptor do bem a canal, através do qual flui todo o bem de Deus àqueles que ainda não despertaram para sua verdadeira identidade.

Desde a infância foi-nos inculcado que precisamos de determinadas pessoas e de determinadas coisas para sermos felizes. Ouvimos, repetidamente, que precisamos de dinheiro, de casa, companheiro, família, férias, automóveis, televisão e de todos os apetrechos considerados essenciais para a vida moderna. A vida espiritual revela, claramente, que a graça de Deus é a nossa suficiência em todas as coisas. Não precisamos de nada neste mundo, exceto a Sua graça. Quando somos tentados a acreditar que precisamos de coisas, devemos trazer à nossa lembrança a letra correta da Verdade: que Sua graça nos basta. Quando acreditamos nisso, num dado momento, a transição acontece, e com ela uma convicção interior de que só precisamos de Deus. É verdade que se tivéssemos Deus e tudo mais neste mundo, não teríamos mais do que se tivéssemos só a Deus. Se Deus é tudo, tudo é Deus.

Nosso relacionamento com Deus, nossa união consciente com Deus constitui a nossa unidade com todos os seres e ideias espirituais. No momento em que percebemos isso, o bem começa a fluir até nós, vindo do mundo todo. É sempre a atividade de Deus, não de uma pessoa. Todos chegam carregados de presentes, porque todos são instrumentos do fluxo de Deus; mas se buscamos nosso bem numa pessoa específica, nós bloqueamos o fluxo. Mulheres que procuram o bem nos maridos, maridos que buscam o bem nos investimentos, empresários que procuram o bem no público estão todos procurando no lugar errado. A sabedoria começa quando percebemos que o Reino de Deus está dentro de nós e que deve fluir para fora de nós. Perdemos toda dependência do mundo quando estamos na letra correta da Verdade e lembramos que a graça de Deus é a nossa suficiência em todas as coisas.

Definitivamente, a letra correta da Verdade se fixa na consciência e o Espírito assume.

A vida se tornaria um milagre de alegria incessante e de abundância incomensurável se pudéssemos apenas permanecer na consciência de que a graça de Deus nos basta em todas as coisas:

> *Tua graça é minha suficiência em todas as minhas necessidades: não Tua graça amanhã, mas Tua graça desde antes que Abraão existisse. Tua graça é a minha suficiência até o fim do mundo. Tua graça do passado, presente e futuro é, neste exato momento, minha suficiência em todas as coisas.*

Diariamente surgem situações para nos fazer acreditar que precisamos de alguma coisa — alimento, moradia, oportunidade, educação, emprego ou descanso; mas, para todas elas respondemos: "O homem não viverá só de pão, mas de toda palavra que sai da boca de Deus", porque Sua graça é a nossa suficiência em todas as circunstâncias.

As *Escrituras* nos dão a consciência da Presença constante do Invisível Infinito e, embora continuemos a desfrutar e apreciar tudo no mundo da forma, isto é, tudo o que existe como efeito, não mais teremos a sensação de que precisamos de alguma coisa. Visto que a graça de Deus é a nossa suficiência, não vivemos apenas pelo efeito, mas por toda palavra da Verdade e de cada passagem da Verdade, incorporadas à nossa consciência.

Cada palavra da Verdade deve ser aprendida e incorporada à nossa consciência a ponto de se tornar carne da nossa carne e osso do nosso osso, até que passado, presente e futuro estejam ligados na percepção consciente da graça de Deus como nossa suficiência. Em outras palavras, nossa consciência da Verdade é fonte, substância, atividade e lei de nossa experiência diária.

Quando reconhecermos Deus como fonte de todo o bem, Deus como nossa suficiência, e as pessoas e circunstâncias como meio ou instrumento do nosso suprimento, poderemos ter a experiência de Moisés, que viu o maná caindo do céu ou a de Elias, a quem os corvos trouxeram comida, que encontrou bolos assados nas pedras e recebeu alimento de uma viúva pobre. Tudo pode acontecer, mas com certeza, a abundância é uma delas.

Onde quer que atuemos, é necessário levar a Verdade como uma atividade da consciência. Você pode dizer que esse é um trabalho árduo, mas é muito mais difícil do que você pensa. É por isso que o Mestre chamou o Caminho de íngreme e estreito. Multidões vinham a Ele para serem alimentadas, mas nunca houve uma multidão que multiplicasse pães e peixes. Mestres e praticantes podem curar, mas a menos que nós próprios incorporemos essa Verdade na consciência, perderemos a oportunidade de conseguir nos libertar da carência aqui e agora.

"Àquele que tem, mais será dado e àquele que não tem, até o que pensa ter, ser-lhe-á tirado". Isso soa como uma declaração muito cruel, mas, é a lei e um importante princípio de vida. Se estivermos diante de um problema e afirmarmos não ter conhecimento, experiência ou suprimento suficientes para resolvê--lo, reforçaremos nossa incapacidade. O pouco que admitirmos ter nos será tirado, porque toda vez que admitimos a carência, nos empobrecemos. Todo aquele que *anseia* demonstrará o seu *desejo* perfeitamente, mas só poderá concretizá-lo à medida que reconhecer a plenitude.

"Ao que tem será dado!". O que *possuímos*? Há alguém que não conhece ao menos uma declaração da Verdade? Então reconheça que ela não lhe falta, mas que você a *possui*. Sente-se em silêncio com essa declaração e veja como rapidamente outra virá, seguida por uma terceira, quarta, quinta e assim por diante, até o infinito. As declarações fluirão ao demonstrar que precisa delas, e descobrirá que não é a verdade que você conhece que está sendo revelada, mas a Verdade que Deus conhece. Ele está lhe transmitindo o Seu entendimento e a Sua verdade. A você só resta abrir a consciência e ser receptivo.

Nada flui a partir de nós; flui através de nós; flui do Pai, através de nós, e quanto mais pedidos Lhe são feitos, maior é o fluxo. Isso está ilustrado na história da botija de azeite que nunca se esgotava; ao ser inclinada, o fluxo de azeite não parava. O mesmo aconteceu na multiplicação abundante dos pães e dos peixes. Ao tomarmos conhecimento e praticarmos o que temos, mais continuará a fluir. Reconhecendo o que *temos*, demonstramos essa posse. Ao reconhecermos a sabedoria, a compreensão, a Presença e a plenitude de Deus dentro de nós, o fluxo começa. Bloqueamos nossa própria realização da harmonia alegando insuficiência da Verdade sob a falsa aparência de humildade. Não é a nossa verdade ou a que conhecemos, mas a Verdade que Deus conhece que fluirá através de nós.

Se concordamos com as *Escrituras*: "Filho, tu estás sempre comigo, e tudo o que é meu é teu", e que somos coerdeiros com Cristo de todas as riquezas celestiais, percebemos que nada que temos no mundo é nosso pela nossa própria força ou sabedoria, mas pela filiação e divindade, por sermos filhos de Deus. Pela nossa filiação divina, como podemos pedir, implorar ou esperar que nosso bem venha através de outras pessoas? Não há coerência nisso.

Vamos admitir sermos nós, o ramo, Cristo, a videira, a Presença invisível dentro de nós e Deus, a Divindade com a qual somos um. Se uma árvore frutífera se torna estéril, é impossível colocar pêssegos, pêras ou maçãs nela. Não esperamos que uma árvore dê seus frutos à outra árvore ou que um ramo dê frutos para outro ramo. Cada árvore dá frutos por ela mesma. Para uma pessoa que nunca viu o milagre da árvore frutífera deve parecer estranho que os frutos saiam dos ramos. Racionalmente, essa é uma possibilidade ridícula. De um lado, um ramo vazio; de outro, um tronco vazio. Como é que os pêssegos vão sair do tronco e se pendurar nos galhos? Por mais misterioso que pareça, a verdade é que esse é um fenômeno comum na natureza.

É incompreensível à mente humana dizer que nosso suprimento não vem de alguém, que nossos vizinhos, amigos ou parentes não suprem nossas necessidades, mas que nós, individualmente, através de nosso contato com Deus recebemos nosso suprimento de dentro de nosso próprio ser. Assim como a aranha tece sua teia de dentro de si, assim nosso bem se desdobra de dentro do nosso próprio ser.

"Filho, tudo o que é meu é teu" é a expressão da Verdade, mas apenas conhecê-la intelectualmente não transformará a escassez em abundância. Mesmo sendo essa declaração da Verdade a base para dizimar toda sugestão de limitação, um dia já não precisaremos dizê-la; nós a sentiremos, e nesse momento ela se tornará lei em nossa experiência. A partir daí, já não nos preocuparemos com o que havemos de comer, beber ou vestir, porque a lei da herança divina assumirá. Nosso bem vem a nós na hora certa, sem qualquer maquinação humana. Isso não significa que não trabalhemos séria e conscientemente, mas a partir de agora o faremos pelo trabalho em si e não como fonte de sustento. O que quer que façamos, o fazemos porque é nossa função neste momento. Damos o melhor de nós, mas não para ganhar a vida. Logo descobrimos que se nosso trabalho não for do tipo que satisfaz a nossa Alma seremos levados a fazer alguma outra coisa. No entanto, isso nunca acontecerá se continuarmos a acreditar que nosso trabalho é a fonte de nosso suprimento.

Quando entendermos o *ter*, que "eu e o Pai somos um, e tudo o que o Pai tem é meu", descobriremos maneiras para o bem fluir através de nós. Não *adquirimos* amor, não *conseguimos* suprimento, não *obtemos* a verdade, não *obtemos* uma casa nem companhia. Todas essas coisas estão dentro de nós. Não podemos *obtê-las*, mas *podemos* começar a extravasar e a multiplicar. *Nós* devemos dar a partida. Apenas reconhecendo esse princípio, abrir-se-á o caminho para que possamos experimentar todo o bem, mas será necessário abrirmos conscientemente caminhos específicos para que o bem flua.

Se precisarmos de suprimento, devemos começar por expressá-los de diversas maneiras. Algumas pessoas doam parte de suas posses a instituições de caridade ou podem, até mesmo, fazer algumas despesas desnecessárias só para provar que têm suprimento financeiro. Porém, o dinheiro não é a única maneira para se iniciar o fluxo. Podemos começar a doar amor, perdão, cooperação e serviço. Qualquer doação destinada a Deus ou a Seus filhos é um ato de dar de si. Essa é a aplicação do princípio de que nenhum bem pode vir *para* nós; o bem deve fluir através de nós para fora.

Não está claro que a expectativa de receber o bem de qualquer fonte externa a nós seja a atitude que nos separa desse bem? Será que uma constante busca interior por maiores oportunidades não liberaria o bem já existente em nós, deixando-o fluir para ser expresso e compartilhado, abrindo as janelas do céu? Devemos doar porque *temos,* doamos porque temos abundância, doamos porque temos amor e gratidão a transbordar. Gratidão não está relacionada à expectativa do que podemos receber amanhã; agradecer é compartilhar ou expressar alegria pelo bem já recebido. É doar sem o mínimo desejo de receber em troca. Qualquer doação, seja de bens concretos como dinheiro, comida ou roupa, ou abstratos como perdão, compreensão, respeito, bondade, generosidade, amor, paz ou harmonia deve ser feita pelo fato de termos em abundância. Assim, virá a transformação na consciência que revela a nossa Cristicidade.

A Cristicidade nunca busca receber. Não há registro em todo o Novo Testamento da busca do Mestre por saúde, riqueza, reconhecimento, recompensa, fama, pagamento ou gratidão. O Cristo brilha; Sua função é brilhar. É por isso que se referem ao Cristo como luz. A Luz não recebe nada; luz é um fluir, é uma expressão; é um derramar. O mesmo ocorre com a Cristicidade: nunca deseja receber; Ela própria é a plenitude de Deus como expressão individual. No momento em que um indivíduo pensa em retorno, está na humanidade novamente, não está mais na Cristicidade, porque Cristicidade é a plenitude da Divindade individualmente manifestada.

A Cristicidade é muito parecida com a integridade na medida em que dá de si mesma sem esperar retorno ou recompensa. A integridade é um estado do ser, pela simples razão de ser. O mesmo se aplica à Cristicidade: por mínima que seja a dose de Cristicidade que adquirimos, já não existe mais um eu pessoal a ser servido, pois ela própria é o servo, não o mestre; é a que concede, dá, compartilha, mas não tem nada a receber em troca, porque já é a plenitude da Divindade. Isso é o que constitui Cristicidade. Quando um indivíduo expressa integridade não esperando retorno, porque é a natureza do seu ser, demonstra que tem Cristicidade e vive sua vida como um instrumento através do qual Deus pode Se derramar em plenitude.

Os hebreus aprenderam a compartilhar os primeiros frutos de suas posses dando dez por cento de suas colheitas, gado, rebanhos e bens ao templo. Essa é a prática do dízimo: ao darmos dez por cento de nossa renda para fins religiosos ou de caridade estamos cumprindo o pedido de entregar nossa primeira colheita. Mas há uma maior e mais ampla visão por trás da ideia da primeira colheita. Por exemplo, se damos nossos primeiros frutos aos outros significa que estamos lhes dando nossa crença espiritual. Conhecemos a Verdade conscientemente e sabemos que Deus é a fonte do ser individual.

Damos nossos primeiros frutos para nossos amigos e parentes ao reconhecermos sua verdadeira identidade. O desafio é fazer isso por nossos inimigos também. O Mestre nos ensina a orar por eles quando diz que não há mérito algum em orar por nossos amigos. Devemos orar e perdoar nossos inimigos, os que abusam de nós, os que pecam contra nós. Isso não é fácil, ainda assim é necessário, pois é através dessa prática que o Cristo nasce em nós. Concordar que cada um é instrumento do Cristo de Deus, através do qual todas as bênçãos podem fluir para este universo, traz para nós a experiência de Cristo.

Dando de nossos primeiros frutos estamos lançando nosso pão às águas. Somente o pão que lançamos às águas pode retornar a nós. Não temos direito ao pão que foi lançado pelo nosso próximo, pois só retorna a nós o que nós lançamos ao mundo. O princípio é que a vida é completa dentro de nós. À medida que permitirmos que ela flua para fora, também fluirá de volta para nós. Temos direito apenas ao pão da vida que lançamos às águas, porque Deus plantou em nós a plenitude de Seu próprio Ser. O pão que lançamos é a substância da vida que nos sustenta e nos mantém. Lançar o pão às águas consiste no reconhecimento da Verdade sobre Deus como a Alma deste universo e como a mente, a vida e o Espírito do ser individual. Nesse conhecimento lançaríamos pão espiritual às águas e assim o pão eterno seria nosso. A percepção de nossa unidade com Deus nos dá a plenitude da Divindade, somos "herdeiros e coerdeiros de Deus". E a plenitude começará a fluir de nós.

O princípio da abundância é: *"Para aquele que tem, será dado."* Pratique esse princípio lançando o seu pão às águas, dando livremente de si mesmo e de seus bens, sabendo que quem está dando é Deus, e que você é apenas instrumento através do qual isso flui para o mundo. Nunca busque retorno, mas descanse na calma confiança da certeza de que a fonte da vida está no seu interior e de que a graça de *Deus* lhe basta em todas as coisas. Nessa certeza, que nasce da compreensão da letra da Verdade, você *tem*. A taça da alegria transborda e tudo o que o Pai tem flui em expressão.

VII. Meditação

"Àquele que tem, lhe será dado[...] Amarás o Senhor teu Deus com todo o teu coração[...] Ama o teu próximo como a ti mesmo[...] Eu e meu Pai somos um." Esses são princípios importantes para qualquer aspirante no caminho espiritual. Mas como *compreender* tais princípios? Uma coisa é afirmar o que é, mas outra coisa é alcançar ou realizar esses princípios. Admitindo-se que existe esse Pai dentro de nós, do qual Jesus falou, esse Cristo através do qual podemos fazer todas as coisas, então, como é que *nós* atingiremos individualmente a experiência do Cristo, isto é, como traremos essa Presença divina para o nosso dia a dia? Essa é a questão.

Em *O Caminho Infinito* o tema milenar da meditação e comunhão interior é enfatizado. A meditação permite a uma pessoa se isolar, seja sentada reverentemente numa igreja, retirada num canto tranquilo de sua própria casa ou se aquecendo ao sol de um jardim — e se esquecer das coisas deste mundo, voltando-se para dentro e fazendo contato com o poder interior, com aquilo que nós chamamos de Deus, o Pai, o Cristo. Viver a experiência do Cristo é possível hoje e a maneira de fazê-lo é através da meditação.

A maioria dos aspirantes ao modo de vida espiritual conhece a letra da Verdade e fica satisfeita com isso.

"Eu e o Pai somos um" é a letra correta da Verdade. De que serve apenas repetir essas palavras ou conhecê-las intelectualmente? Quantas vezes dizemos: "Eu sou filho perfeito de Deus; eu sou espiritual; eu sou divino" e em seguida descobrimos que somos tão pobres quanto éramos antes e com os mesmos problemas. São apenas declarações que se assemelham a sentarmo-nos num quarto escuro repetindo: "A eletricidade gera luz". Mesmo sendo uma afirmação correta, ficaremos no escuro até que, ligando o interruptor, façamos uma conexão com a fonte de eletricidade. Portanto, nada acontecerá para nós, independentemente de quantas verdades conhecemos ou repetimos, a menos que alcancemos a consciência da Verdade e percebamos nossa união com a Fonte. A meditação é assim.

O Reino de Deus está dentro de nós; o lugar em que estamos é solo sagrado. Onde quer que estivermos, Deus *está*, na igreja ou fora dela. O Mestre diz: "Não adorareis ao Pai nem neste monte, nem em Jerusalém". Deus não está em um lugar determinado, mas, sim, na consciência. Ele está onde estamos, porque "Eu e Meu Pai somos um". Dele não dá para fugir.

> Para onde eu irei do teu Espírito ou para onde fugirei da Tua Presença?
> Se eu subo aos céus, lá Tu estás; se faço a minha cama no mais profundo abismo, lá estás também;
> Se voo nas asas da alvorada e habito nos confins dos mares,

Ainda lá me haverá de guiar a tua mão, e a tua destra me sustentará.

SALMO 139:7-10

Onde estamos, Deus está; onde Deus está, nós estamos porque somos um, inseparáveis e indivisíveis.

Eu *nunca te deixarei, nem te abandonarei*. Eu *nunca te deixarei, nem te abandonarei onde quer que estejas ou quem quer que sejas hindu, judeu, cristão, muçulmano, ateu. Minha natureza é ser o coração e a Alma do teu ser. Nada poderá nos separar, nem tuas tolices, nem teus pecados.*

Temporariamente podes te separar de Mim, isto é, podes pensar que estás separado de Mim e com certeza podes te separar do benefício da minha Presença, mas isso não significa que Eu *te tenha deixado. Descobrirás que a qualquer momento, do dia ou da noite, se fizeres tua cama no inferno ou no céu, se andares pelo vale da sombra da morte ou a qualquer momento que queiras, podes-te virar e ver que* Eu *estou andando a teu lado.* Eu *sou os braços eternos te carregando.* Eu *sou a nuvem de dia e a coluna de fogo à noite.* Eu *sou aquele que te prepara uma mesa no deserto. Se estiveres com fome,* Eu *sou os corvos que te trazem comida.* Eu *sou a viúva compartilhando um bolo pequeno e uma botija de azeite.*

Eu *nunca te deixarei.* Eu *serei o maná na tua vivência do deserto.* Eu *sou aquele que abre o Mar Vermelho para ti, se não houver outra saída.* EU SOU *o que* EU

SOU, *para todo o sempre*. Eu *sou e sempre serei Eu, desde toda a eternidade, porque* Eu *estou no meio de vós. Por onde quer que vás,* Eu *irei*.

Não encontramos Deus no paraíso, em peregrinações, em lugares ou pessoas, mas dentro de nós. No exato momento em que concordarmos interiormente que isso é verdade, metade do caminho da vida em relação à experiência do céu na terra já terá sido percorrido, mas ainda resta a outra metade. Agora sabemos onde o Reino de Deus está, mas como chegamos a essa percepção? Homens e mulheres que procuraram o Santo Graal, o símbolo do Reino de Deus, levaram a vida toda para descobrir que tinha sido um erro buscar fora aquilo que já estava dentro deles; voltaram de sua busca esgotados física, financeira e mentalmente, desanimados com o fracasso de sua missão. Então, de repente, olharam em volta e encontraram o cálice dourado pendurado numa árvore ou ouviram o pássaro azul cantando sua mensagem de alegria em suas próprias casas, exatamente onde estivera o tempo todo. Isso é o que acontece quando percebemos que o Reino de Deus está dentro de nós. Metade do caminho já terá sido percorrida.

Centenas de livros foram escritos sobre esse assunto, mas aqueles escritos a partir das profundezas da experiência concordam que a Presença de Deus só pode ser percebida quando os sentidos se acalmam, quando nos colocamos numa atmosfera de expectativa, de esperança e de fé. Nesse estado de relaxamento e paz só nos resta esperar. Não podemos trazer Deus para nós, pois Ele já está aqui conosco, na quietude interior, na tranquilidade e na confiança.

A meditação é um convite para que Deus fale conosco ou para que nos familiarizemos com Ele; não é uma tentativa de alcançá-Lo, já que Ele é onipresente. A Presença já é. A Presença sempre é, na doença ou na saúde, na escassez ou na abundância, no pecado ou na pureza; a Presença de Deus é agora e para sempre. Não estamos tentando alcançar Deus, mas, sim, um estado de quietude no qual a consciência da Presença de Deus nos permeie.

Fomos treinados para orar com a nossa mente como se Deus pudesse ser alcançado por meio do pensamento. Deus nunca pode ser alcançado através do pensamento. Ninguém O alcança com a mente nem com a razão: Ele só pode ser alcançado através de um estado receptivo da consciência. Nunca sabemos quando Ele nos fala, mas podemos ter certeza disto: se vivermos em meditação, dedicando tempo suficiente para ter contato com a Presença, estaremos sob o governo de Deus e sempre que necessário, Ele falará conosco.

O contato deve ser feito dentro de nós. Até isso ocorrer, o Espírito de Deus no homem é meramente uma promessa; o Cristo, só uma palavra ou uma expressão. Ele deve se tornar uma experiência, mas até que isso aconteça, podemos perguntar: existe um espírito dentro do homem? Cristo é verdadeiro? A interioridade é o segredo.

Séculos e séculos procurando por nosso bem no jardim de outra pessoa, acreditando que esse bem vem a nós pela força, pelo poder ou pelo suor do nosso rosto, nos separaram das profundezas da interioridade, como se houvesse um grande muro entre nós e o Cristo. Somente um constante voltar-se para dentro rompe o véu da ilusão e derruba a parede que parece nos separar. A rapidez necessária para romper o véu nada tem a ver com nossa bondade humana ou com os nossos pecados, mas, sim, com a profundidade de nosso desejo de fazer contato. Quando o fizermos, nossos pecados serão perdoados e anulados. Não é questão de se tornar bom antes de viver sob a graça de Deus. Funciona em ordem inversa: deixamos a graça de Deus nos tocar, e nos tornamos bons. O Espírito interior muda a vida exterior e a graça interior aparece externamente.

Se persistirmos na percepção: "O Reino de Deus está dentro de mim; o lugar onde eu estou é solo sagrado; Filho, tu estás sempre comigo, e tudo o que é meu é teu"; se nos lembramos de fazer isso duas ou três vezes ao dia, todos os dias, uma experiência boa acontece; pode ser uma sensação de calor, um sentimento de libertação, uma voz no ouvido, mas é algo interno e, intimamente, sabemos que recebemos a visita do Cristo. Experimentamos a anunciação e a concepção de Cristo. Esse Cristo despertado em nós nos permite dizer:

"Através de Cristo, tudo posso fazer", não através da minha sabedoria humana, não através de meus músculos, não porque conheço muitas palavras e li muitos livros; mas, através de Cristo, posso fazer todas as coisas. O Cristo dentro de mim me fortalece; o Cristo dentro de mim é uma Presença que vai à minha frente aplainando os lugares tortuosos.

Isso não será mais uma série de citações, será uma experiência.

Essa experiência interior se tornará a substância da nossa experiência exterior. Pode sair da nossa boca em forma de mensagem; pode jorrar de dentro de nossa casa como felicidade e se apresentar em nossos negócios como sucesso; mas é o Cristo revelado, o Cristo ressuscitado, o Cristo sentido na consciência, que nos toca, nos aquece, nos ilumina.

Assim descansamos, mas não por muito tempo, porque o hipnotismo do mundo se impõe sobre nós e, rapidamente, as manchetes dos jornais sensacionalistas e as notícias do rádio se abatem sobre nossa consciência, colocando Cristo em segundo plano. Tantas vezes quanto necessário, sentimos e nos renovemos a fim de preencher nossa consciência com a Presença do Cristo.

Chega o dia em que essa percepção de Cristo se torna uma prática tão frequente que, finalmente, passa a ser desnecessária porque, nessa fase, o Cristo assume e vive a nossa vida, e nenhum esforço consciente é preciso. Mas, antes que esse nível de desenvolvimento seja alcançado, o esforço consciente é obrigatório para atingir a mente "que também existia em Jesus Cristo", alcançando a percepção da Presença de Cristo; isso requer horas e horas de meditação e contemplação. É aí que nos abrimos para o Cristo. Nossas palavras e pensamentos não são mais necessários. Os pensamentos nos vêm do nosso Íntimo através da Palavra de Deus proferida dentro de nós. Não mais expressamos palavras, mas o Verbo.

Quão profundo é o nosso desejo de percebermos Deus? Como podemos medir a profundidade de nosso amor a Deus? A resposta é muito simples: quanto tempo e atenção estamos dispostos a despender nos sentando em silêncio até sentir a Presença? Isso determina o quanto amamos a Deus. Se não temos tempo nem paciência nem vontade de dar todo nosso coração, Alma e mente para a percepção da Presença de Cristo, não O amamos o suficiente. É como se nossa mãe morasse longe. Até que ponto estaríamos dispostos a visitá-la ou a enviar-lhe dinheiro? Isso determinaria o quanto a amamos. Devemos usar a mesma medida para determinar nosso amor a Deus. Quanto tempo ou esforço estamos dispostos a sacrificar lendo ou estudando para despertar o Cristo invisível? Essa é a medida do nosso amor.

Quando conseguirmos meditar quatro vezes por dia, começaremos a obedecer à imposição de Paulo de "orar sem cessar". Os místicos revelaram que tanto Deus quanto nossa força só podem ser encontrados no sossego e na quietude, e não num culto exterior.

Jesus deu um passo além quando nos pediu para orar em segredo: entramos no santuário interior, fechamos a porta e oramos onde ninguém nos vê, pois a sós, e não em público, há mais chances de algo acontecer. Por quê? Porque quando estamos em público, o ego aparece. Não podemos ser nós mesmos, mesmo na presença de nossos entes queridos. Toda a tendência de exibir o ego destrói nossa integridade espiritual. Quanto mais secreto e sagrado for nosso relacionamento com Deus, mais poder nele haverá.

O ego deve ser destruído para dar lugar a um único Eu, nossa Cristicidade. Como seres humanos temos nosso próprio ego que gostamos de glorificar. Todo o ensinamento de Jesus foi para destruir esse ego pessoal: "As palavras que eu vos digo, não as digo de mim mesmo, mas o Pai, que habita em mim, é quem faz as obras[...] Minha doutrina não é minha, mas do Pai que me enviou". Ele superou seu ego e deixou um modelo para seguirmos: orar em segredo. Ainda foi mais longe ao dizer: "Quando deres esmola, que a tua mão esquerda não veja o que faz a tua mão direita[...] e teu Pai, que vê em segredo, Ele mesmo te recompensará". Cada vez que fizermos nossas doações em público, rezarmos para sermos vistos e expressarmos nossas convicções religiosas em voz alta, estaremos glorificando nosso próprio ego, tentando mostrar o muito que fazemos ou o quanto sabemos, esquecendo de que nosso Pai, que vê em segredo, é quem nos recompensará.

Há um grande mistério espiritual em tudo isso. Por mais estranho que pareça, quanto mais nos aproximamos de Deus, mantendo tudo secretamente no nosso interior, maior é o nosso desenvolvimento espiritual. Quando isso é segredo em nós, Deus, à Sua própria maneira, torna nosso desenvolvimento conhecido àqueles que querem saber mais, tanto sobre nossa caridade quanto sobre nosso relacionamento com Ele.

O segredo da meditação é o silêncio: não há repetições, afirmações, negações, há apenas o reconhecimento de que Deus é tudo e o silêncio profundo que anuncia Sua Presença. Quanto mais profundo é o silêncio, mais poderosa é a meditação. Que as coisas santas permaneçam santas, sagradas e secretas, pois o sagrado não precisa ser compartilhado. Todos são livres para procurar Deus à sua própria maneira e se esforçar para encontrar aquilo que estão buscando. Não há motivo para partilhar as coisas mais profundas, mais sagradas de nosso relacionamento com Deus; todos são livres para fazer o mesmo. As coisas profundas e sagradas devem ser guardadas dentro de nossa consciência, aumentando, assim, o poder que dela emana.

A contínua meditação, a contínua busca do centro do nosso ser resultará, finalmente, na experiência do Cristo. Nesse momento, descobrimos o mistério da vida espiritual: não temos que nos preocupar com o que havemos de comer, beber ou vestir; não planejamos; não lutamos. Somente o Cristo, que habita nosso interior, pode viver a vida por nós, e Ele é encontrado na meditação. O grau pelo qual atingimos a experiência ou a atividade do Cristo, a Presença do

Espírito de Deus em nós, determina nosso grau de desenvolvimento individual.

Quando, através da meditação, alcançamos essa percepção do Espírito de Deus e nela permanecemos recolhidos, dia após dia, ao centro do nosso ser, de modo que nunca damos um passo sem a certeza interior que Ele nos dá, a atividade de Cristo nos alimenta, nos supre, nos enriquece, nos cura e nos traz a plenitude da vida. Assim, com certeza, sabemos: "Eu vim para que tenham vida e a tenham em abundância".

VIII. O ritmo de Deus

Quem vive pela meditação nunca mais está só e não faz mais parte deste mundo inteiramente. Se for fiel à prática da Presença, dentro de alguns meses se encontrará em estado contemplativo na maior parte do tempo. Contemplando Deus e as coisas invisíveis de Deus, nos tornamos Um com Ele; fica impossível dizer onde Deus termina e nós começamos. Finalmente, a Presença de Deus se torna a verdade que abraça nossa consciência. É um contínuo estado de unidade, o estado que permitiu ao Mestre dizer: "Quem vê a mim, vê o Pai que me enviou, pois eu e meu Pai somos um".

Todas as coisas que os Filhos de Deus experimentam são boas. Quem são os filhos de Deus? Nós? Somente quando o Espírito do Senhor estiver sobre nós — "Se o Espírito de Deus habitar em vós, sereis os filhos de Deus" — estaremos sujeitos às Leis de Deus. Se saímos de nossas casas sem a consciência interna de que o Espírito do Senhor está sobre nós, caminhamos no mundo como seres sem qualquer Lei de Deus para nos sustentar; somos seres humanos sujeitos às leis humanas, leis de acidente, contágio, doença e morte. Perdemos a oportunidade de admitir a influência divina em nossa experiência. Essa atitude é determinada por pensamentos como: "Eu posso viver o dia todo debaixo do meu próprio poder; posso cuidar de mim mesmo neste dia sem a ajuda de Deus. Devemos fazer de Deus a atividade do dia e, assim, acompanharmos o Seu ritmo:

> Pai, este é o Teu dia, o dia que Tu fizeste. Tu fizeste o sol brilhar e aquecer a terra; Tu nos deste a chuva e a neve; as estações do ano são Tuas, "tempo de plantar e colher, frio e calor, verão e inverno, o dia e a noite." Este é o Teu dia.
> Tu me criaste; eu sou Teu. Tu me criaste ainda no útero, desde o início. Usa-me neste dia, pois assim como os céus proclamam a Tua glória e a terra produz os Teus trabalhos, assim devo manifestar a glória de Deus. Neste dia, deixa-me glorificar-Te. Neste dia, deixo que Tua vontade se manifeste em mim. Neste dia, deixo fluir a graça de Deus em mim e através de mim para todos aqueles que encontro.

Em breves pausas de comunhão interna nas primeiras horas da manhã, palavras como estas podem vir:

> Pai, é de Tua inteligência que eu preciso hoje não da minha sabedoria limitada, mas da Tua sabedoria infinita. Neste dia, eu preciso de todo o amor com o qual Tu podes me preencher. Dá-me Tua sabedoria e Teu amor na medida certa.

Tais meditações brotam de uma profunda humildade, humildade do espírito que está disposto a admitir:

"Pai, sem Ti nada posso fazer; sem Ti nada posso ser; sem Ti, nada sou."

Talvez surjam problemas sérios durante o dia que devam ser superados e que estão além da nossa capacidade ou entendimento, além de nossa capacidade financeira ou pode haver decisões difíceis a serem tomadas. A resposta não está em nossa habilidade pessoal nem em nossos recursos materiais, mas no nosso infinito depósito interno: "Ele aperfeiçoa o que me é dado fazer. O Senhor aperfeiçoará o que me concerne". A atitude de entrar no nosso santuário e orar não pedindo nada, mas reconhecendo a nossa filiação divina e habitando nas promessas das *Escrituras*, preenche-nos com a confiança que nos acompanhará ao longo do dia, confiança suficiente para superar todos os obstáculos que possam aparecer.

Pai, tenho grandes tarefas que hoje estão além da minha compreensão e além das minhas forças; então preciso confiar em Ti para realizar aquilo que me é dado fazer. Tu disseste que estarias sempre comigo e que tudo o que Tu tens é meu. Concedei-me a certeza, hoje, de que Teu amor está comigo, de que Tua sabedoria me orienta, — de que Tua presença me sustenta.

Tua graça é minha suficiência em todas as coisas. Tua Graça! Estou satisfeito, Pai, por saber que Tua graça está comigo. Isso é tudo que peço porque a graça será palpável como o maná que cai do céu, como uma vasilha de óleo que nunca seca ou como pães e peixes que sempre se multiplicam. Tua graça preenche todas as minhas necessidades neste dia.

Isso já é o bastante para começar nosso dia, não como filho do homem, mas como Filho de Deus.

A Presença habita em nós, uma Presença transcendental que não pode ser descrita, mas que é reconhecida na meditação. O maior presente que podemos receber é a convicção inabalável de que Deus cuida de nós, mas ninguém pode ter essa certeza se abandonar a percepção contínua e consciente da Presença de Deus. Se o Verbo habitar em nós, daremos frutos abundantemente. Deus é glorificado somente pelos frutos que damos em nossas vidas. À medida que vivemos no Verbo e O deixamos viver em nós, experimentamos uma vida harmoniosa e rica. Na verdade, podem existir problemas, mas o que isso importa? Ninguém está imune das discórdias enquanto estiver na terra vivendo uma vida humana. Problemas inevitavelmente surgem, mas eles só podem ser uma bênção, porque é através deles que nossa consciência é elevada e, consequentemente, a harmonia é trazida à nossa vida.

As experiências que temos quando vivemos na obediência dessa voz interna são milagres de beleza e alegria. Não temamos seguir essa voz mesmo que no começo, por não estarmos bem sintonizados com ela, não a ouçamos corretamente. Muitas pessoas passam pela vida sem fazer nada por medo de errar. Não tema cometer erros! Aquele que obedece a voz silenciosa comete poucos erros, os quais não serão suficientemente sérios para ser irrecuperáveis; rapidamente levanta-se e logo está totalmente imerso no Espírito. Erros não são fatais nem são para sempre: sucesso é para sempre, mas fracasso é só por um dia.

 Quando fizermos contato com o Reino de Deus dentro de nós, será para viver através de Deus o resto de nossos dias. Então, a filiação espiritual, Deus expressando-se como Ser individual, será revelada na terra. Deus nos fez para manifestar-Se sobre a terra, para manifestar a Sua glória e esse é o nosso destino. Deus plantou Sua abundância infinita no meio de nós; portanto, nada precisa vir para nós, mas, sim, fluir de nós. E por quais meios? Pela Presença; a Presença que cura, supre, multiplica e ensina. Ela executará todas as funções legítimas da vida, mas só passará a atuar quando nos dedicarmos e nos consagrarmos a períodos de meditação. Devoção e consagração são necessárias para nos lembrarmos, dezenas de vezes ao dia, de não agir sem perceber a Presença ou, pelo menos, sem reconhecê-La.

 Existem inúmeras oportunidades ao longo do dia para se reconhecer a Presença. Não é difícil se habituar a esperar um segundo antes de abrir ou fechar uma porta para perceber que:

> *Deus está tanto de um lado da porta quanto do outro. Não há nenhum lugar onde eu possa ir hoje que a Presença de Deus não esteja. Onde quer que eu esteja, Deus está.*

Podemos fazer uma pausa antes de comer para lembrar que não vivemos só de pão, mas de toda palavra que procede da boca de Deus. Portanto, quando contemplamos o alimento sobre a mesa, silenciosamente agradecemos a Fonte que o trouxe para nós: "Tua graça pôs minha mesa."

Não há um só momento do dia no qual a pessoa espiritualmente alerta não possa encontrar alguma razão para dizer: "Obrigado, Pai". Mesmo que agradeçamos simplesmente pelo sol que brilha, ainda assim é um reconhecimento da Presença. Quando, às vezes, nos deparamos com situações frustrantes ou perturbadoras, nos perguntamos como podemos louvar a Deus, mas se estivermos conscientes da nossa filiação espiritual, encontraremos sempre formas de reconhecê-Lo. A prática contínua da Presença, reconhecendo Deus em todos os nossos caminhos, nos recolhendo, nos silenciando à espera de sentir o Espírito de Deus, faz com que Ele seja o princípio que governa, mantém e sustenta nossa experiência inteira. A verdadeira oração da compreensão espiritual é um pedido para que o dom de Deus possa ser dado a nós.

O Infinito está dentro de nós, neste e em todo momento toda sabedoria espiritual, toda graça divina, eternidade e imortalidade, tudo isso está incorporado dentro de nós. Comece a manifestar essa infinitude. Como? Comece a jorrar. Procure em sua consciência alguma passagem bíblica, alguma pitada de amor ou algumas gotas de perdão para expressar para alguém. Comece a deixar pequenas gotas do óleo que lá se encontram, fluírem silenciosa e secretamente. Enquanto isso, fique aberto ao que vai acontecer. Não busque declarações ou pensamentos; espere pacientemente, em um estado relaxado de receptividade, para que eles venham a você. Logo uma segunda ideia se segue ao pensamento original. Contemple ambas. Habite em seu significado; habite em seu possível efeito em sua vida ou na vida do outro. Ao refletir sobre essas duas ideias, um terceiro pensamento vem, algo em que nunca havia pensado antes. De onde vêm essas ideias? De dentro de você. Lembre-se de que sempre estiveram lá, porém agora você as está deixando sair. Dentro dessa Interioridade está o seu depósito individual, que é infinito por ser de Deus. O Reino de Deus está dentro de você e na meditação, você o está acessando.

Se não há amor suficiente em sua vida é somente porque você não está amando o bastante, e isso significa que não está acessando a fonte de amor infinito dentro do seu ser. Deixe o amor fluir: ame o mundo, ame o sol, a lua e as estrelas; ame as plantas e as flores; ame as pessoas. Deixe que o amor flua. Esse amor que flui do depósito infinito do seu interior será o pão da vida que voltará para você.

Deixe que a Verdade flua de você para o mundo. Quanto mais Verdade liberar, mais você a terá. Você é o instrumento através do qual a Verdade de Deus se torna consciente. Não se sabe para onde a Verdade vai, nem a quem ela abençoa; não importa saber quem vai sentir o amor que está jorrando do seu interior, porque não é o seu amor, é o amor de Deus. Você é apenas o instrumento pelo qual esse amor flui.

Comece sempre sua meditação percebendo que o infinito descansa dentro de você e que não há nada a pedir, a alcançar, a buscar ou atingir. Seu único desejo é que a graça de Deus flua através de você, o instrumento, o Filho de Deus.

Talvez o procurem por bênçãos espirituais. Não acredite que sua compreensão, conhecimento ou experiência sejam insuficientes para ajudar. Comece com as duas gotas de óleo que você já adquiriu ao conhecer a Verdade, não sobre a pessoa, mas sobre Deus.

Quanto eu conheço sobre Deus? Eu sei que Deus é onipresente e que, portanto, toda a Presença e todo o Poder de Deus estão fluindo através de mim. Onde Deus está só há o bem; não pode existir pecado, doença, morte, falta ou limitação. A Presença de Deus é a totalidade do bem.

O que mais sei sobre Deus? Deus é o único poder. Se Deus é o único poder, não há outros poderes além Dele, não há poderes negativos sobre a terra, portanto, não pode haver nada para me confrontar. Deus é a única vida, vida eterna e imortal sem pecado, doença ou mancha. Deus é vida perfeita. Deus é amor; e esse amor me envolve. O amor de Deus me protege, sustenta e mantém.

O trabalho de cura é feito desta maneira: recolha-se, acalme-se; silencie-se até que sinta a paz que transcende todo o entendimento.

A verdadeira cura espiritual não é algo que acontece no corpo ou nos afazeres; acontece na consciência individual quando a Alma se abre. É uma regeneração mais do que uma cura. Tudo o que a consciência abraça, corpo, negócios, lar, reage quando a Alma se abre à luz da Verdade e à atividade de Deus agindo na consciência de cada um.

Na verdade, não há cura espiritual separada da vida espiritual, assim como não pode haver cura espiritual separada da experiência de Deus. Deus deve ser uma experiência; deve haver uma comunhão entre Deus e nosso ser. O Infinito Invisível que chamamos de Deus, e nosso ser individual que chamamos de Filho, são Um. É em nosso interior que deve ser estabelecido o contato para que tenhamos absoluta convicção dessa Presença. Essa convicção só pode jorrar de dentro, e à medida que esse Espírito de Deus nos preenche sentimos paz, uma profunda respiração dentro de nós, uma sensação de alívio e a partir daí, damos continuidade à nossa vida, serenos, seguros, descansando no seio do Pai, porque agora Deus, o Filho, tem a Deus, o Pai.

Deus não é um curador de doenças; Deus é a infinitude do ser. Deus é Espírito, e além Dele não há nada mais. A graça de Deus remove qualquer obstáculo do caminho porque a luz da Verdade revela que nunca houve obstáculos. Quando encontramos nossa paz interior, descobrimos que essa Onipresença nos governa e que todas as coisas que tememos — pessoas ou condições — desaparecem instantaneamente, porque são insignificantes. Isto é o milagre do ensinamento espiritual: não é que a verdade derrota o erro; nem que Deus está acima do mal; nem que existe um Deus poderoso que possa derrotar algo ainda mais terrível.

O ensino espiritual é a revelação de Deus como Ser infinito e individual, um Espírito onipotente, onisciente e onipresente, além do qual não há outro. Essa percepção faz a escuridão dar lugar à luz.

"Quando sua voz se revelou, a terra derreteu." Se praticamos a Presença com disciplina, sentados calmamente, com a atenção voltada para o Interior, a pequena voz troveja, todo o mal da terra se derrete e desaparece de nossa experiência. E pode vir em forma de som; pode vir como uma visão; mas nenhuma forma é necessária: a não ser esperar até que haja uma comoção ou um sentimento que nos dará a convicção de que Deus Se revelou. Quando isso acontece, descobrimos que a harmonia substituiu a discórdia; a saúde, a doença; e as pessoas que encontramos não são meramente seres humanos, mas Filhos de Deus. Quando contemplamos a Presença, a graça e o poder de Deus, Ele se revela e o mundo de discórdia desaparece.

> *Meu Deus está mais perto de mim do que minha respiração, a Onipresença e única Presença, além da qual não há outra. "O Senhor é minha luz e meu salvador; a quem temerei? O Senhor é a força da minha vida; de quem terei medo?"*
>
> *Então, que discórdia é essa que está chamando minha atenção, me apavorando? É uma pessoa? Não, Deus é o Pai de todos: "Não chame de pai nenhum homem sobre a terra: pois só um é seu Pai, que está no céu". Portanto, todos os homens são espirituais, dotados apenas dos atributos de Deus. Deus fez tudo o que foi feito e disse*

que tudo era muito bom. No começo era Deus. Algo foi adicionado a Deus? Algo foi adicionado ao universo de Deus? Não, e reconhecendo isso não posso ser hipnotizado vendo ou acreditando em algo que não é semelhante a Deus. Deus é o único princípio criativo do homem. Tudo o que Ele criou, criou à Sua própria imagem e semelhança, imagem e semelhança da perfeição.

O Pai dentro de mim é o único poder atuando neste universo; Ele é o único poder atuando nesta sala; Ele é o único poder atuando no meu ser. Há apenas o Ser de Deus, o poder de Deus que flui para este mundo, abençoando igualmente a todos, amigos e inimigos.

"Quando Sua voz se revelou, a terra derreteu" desapareceu a discórdia. Tanto a desarmonia quanto a pessoa que a causou se derretem em Sua imagem e semelhança. Onde está agora aquele que estava me perturbando? Não está aqui; ergueu-se do túmulo, não mais o homem de carne, mas o Filho de Deus. Na quietude, quando silencio todo o julgamento humano de bem e de mal, "um filho nasce", a percepção do Cristo acontece e "ao passo que eu era cego, agora vejo". Eu contemplo a visão infinita: Deus, o Pai; e Deus, o Filho.

Neste exato momento Deus mantém e sustenta Sua própria vida, que é minha vida, a vida do ser individual. Este corpo é o corpo que Deus me deu, espiritual, eterno e imortal. Deus mantém meu corpo em Sua eterna perfeição. Deus é um contínuo e eterno estado do ser divino, meu ser individual, pois "Eu e meu Pai somos um". Meu corpo é um instrumento da atividade de Deus, um veículo adequado para mostrar Sua glória. Deus é a própria força dos meus ossos; Deus é a saúde do meu rosto; Deus é a minha fortaleza, a minha segurança e a minha proteção.

A terra mostra Suas obras; o céu declara Sua glória. Como pode o céu, o sol, a lua e as estrelas manifestarem essa glória, e não o homem, a quem foi dado o domínio sobre o sol, a lua e as estrelas? O homem não precisa lutar para manifestar a plenitude da Divindade, mas apenas relaxar e permitir que o ritmo de Deus atue nele, pois o trabalho de Deus está completo e só resta ao homem Nele descansar.

Deus em meu seio é poderoso, e porque Ele está em mim, eu não preciso de nada; nada me falta. De mim mesmo não tenho habilidade nenhuma; nem tenho entendimento, mas o entendimento de Deus é infinito. "Ele, que está em mim, realiza aquilo que me é dado fazer[...] Ele, revelado dentro de mim, é maior do que aquele que está no mundo." Eu me torno o instrumento à disposição de Deus, e através de mim Ele profere Sua voz e a terra se derrete.

Eu não busco nada para mim, busco apenas ser usado como um instrumento para trazer luz àqueles que ainda estão na escuridão. Eu não uso a Verdade, mas permito que ela me use. Deixo a Verdade fluir através de mim às nações do mundo, a quem ainda está buscando o que comer, o que beber e vestir; porém eu vivo, não só de pão, mas de toda palavra que procede da boca de Deus. Toda Verdade que chega à minha consciência é meu suprimento diário, minha sabedoria e entendimento. Só me basta ouvir a pequena voz silenciosa dentro de mim e descansar ao ritmo de Deus.

A graça de Deus flui para este mundo como invisível Presença e Poder de bênçãos através de mim. Eu sou o centro através do qual a graça é derramada sobre o mundo, — meu mundo; o instrumento de Deus através do qual a sabedoria divina, o pão, o vinho e a água da vida atingem a humanidade. As nações buscam pão, alimento, roupa e casa, mas "não vós, meus discípulos" não eu; eu busco apenas o Reino de Deus e deixo que a graça de Deus flua através de mim.

O Espírito de Deus em mim é o Cristo, cuja função é curar, ressuscitar os mortos, abrir os olhos do cego; aquele cego material e espiritual, e iluminar a consciência humana. "Minha paz," a paz de Cristo, é dada a mim e através de mim. Essa é a função da luz que se derrama através de mim. A Verdade que eu sou torna-se o pão da vida para este mundo que desconhece a sua própria identidade. Eu, minha divina Consciência, torna-se o vinho e a água. A luz que eu sou torna-se a luz do mundo para o não iluminado e minha presença, uma benção.

Existe um ritmo eterno no universo: "um tempo de plantar e de colher, o frio e o calor, verão e inverno, o dia e a noite[...] em tudo há uma estação e um tempo para cada propósito no céu". Nós nos tornamos um com esse eterno propósito e descansamos no ritmo de Deus quando contemplamos o eterno fluxo da Sua graça. O ritmo do universo flui através de nós.

Os céus declaram a glória de Deus, e o firmamento anuncia a obra das Suas mãos. O dia faz declaração ao outro dia, e a noite mostra sabedoria à outra noite. Que as palavras da minha boca e a meditação do meu coração sejam agradáveis perante a Tua face, Oh, Senhor, minha força e meu redentor!

SALMO 19 1,2,14

IX. Um momento de Cristicidade

A letra correta da Verdade, ou seja, os princípios da vida espiritual necessários ao desenvolvimento que estamos buscando são incorporados aos princípios enunciados nos capítulos anteriores: ame a Deus com todo o teu coração, reconhecendo que Ele é o único poder e que não há poder em efeito algum; ame o teu próximo como a ti mesmo, abstendo-se de todo o julgamento tanto para o bem quanto para o mal, perdoando setenta vezes sete e rezando pelos seus inimigos; reconheça a natureza infinita de um único Ser; comece a transbordar ciente de que, quanto mais der, mais lhe será dado; manifeste Deus e não coisas; medite sobre Deus e Suas coisas; e viva somente neste momento, que é o único momento que existe.

A profunda percepção de alguns desses princípios, vivendo e trabalhando com eles dia após dia e semana após semana, seria suficiente para transformar nossa vida e nos conduzir ao Reino dos céus. Em vez de tentar compreender o significado pleno da Verdade no curto espaço de um dia ou uma semana, com a leitura deste ou de qualquer outro livro, deveríamos começar a trabalhar um princípio por vez, em meditação diária durante pelo menos um mês, habitando nele até que seu significado interior seja revelado e se torne "o espírito que vivifica", e em seguida observar até que ponto nossas palavras e nossos atos se harmonizam com ele. Só assim o princípio se tornará osso dos nossos ossos e carne da nossa carne.

Muitas vezes deixamos a pressão do mundo nos roubar, não só nossa paz, mas o tempo de silêncio e de renovação que transformam nossas vidas. Se desejarmos experimentar Deus sinceramente, não deixaremos nada interferir em nossa determinação e nesse inabalável propósito. Certamente conhecemos pessoas que já descobriram como fazer isso; elas são capazes de realizar uma tremenda quantidade de trabalho sem parecer pressionadas pelo tempo e sempre, mesmo em meio às circunstâncias mais adversas, se mostram calmas e serenas. Entram e saem de confusão e suportam qualquer pressão com uma postura tranquila e uma calma imperturbável. Qual é o segredo? Como desenvolveram essa habilidade?

Há uma prática simples que, se exercitada todos os dias, pode nos trazer paz. É o desenvolvimento de uma consciência do agora, uma vivência do presente. Conseguimos isso conscientemente treinando-nos a viver só neste agora, reconhecendo, em primeiro lugar, que não vivemos pelo maná de ontem. Uma vez que vivemos somente pelo maná de hoje, dependemos apenas do que vem a nós hoje e não como resultado de ontem ou do mês passado; portanto, de nada vale perder tempo pensando nas dívidas ou nas ofensas cometidas contra nós no passado.

Somos apenas responsáveis por este dia e este agora. Qualquer que seja o pedido feito a nós, vamos cumpri-lo neste momento. Se alguém nos pedir ajuda, não vamos esperar até a noite, mas respondamos ao chamado no momento em que ele vem. Se houver correspondência a ser respondida, façamos isso hoje, para que na manhã seguinte cheguemos ao nosso trabalho sem nenhuma pendência. É surpreendente a quantidade de tempo extra que temos durante o dia quando resolvemos tudo o que nos é apresentado. A maioria de nós nunca tem tempo livre, porque está sempre tentando terminar um trabalho que se acumulou de ontem e do dia anterior, trabalho que deveria ter sido feito no dia em que foi apresentado.

A prática do agora desenvolve uma consciência totalmente sem pressão externa, porque a única coisa a fazer é o que surge neste exato momento. Vivendo nessa consciência, nunca nos preocupamos com suprimento, nem com o que deve ser feito amanhã. Há somente hoje; há apenas esta hora; apenas este momento do dia. Em seguida, desenvolve-se em nós — *nós* não fazemos nada — *Ele*, o Cristo de nosso ser, desenvolve em nós um sentimento de paz, de calma, ao ouvirmos a voz interna que nos diz: "Eu por mim mesmo nada faço. É o Pai em mim que faz as obras. Eu posso fazer todas as coisas através do Cristo. Eu vivo, não mais eu, mas Cristo vive em mim".

Quando "Cristo vive em mim", quando Cristo vive minha vida por mim, nenhum pedido é feito para *mim;* todos os pedidos são feitos a Cristo. O Pai dentro de mim pode realizar mais em doze segundos do que podemos em doze horas. Disponha-se a ser chamado a fazer algo sem se ressentir, sem relutar, sem sentir que é demais. Pode ser muito para John, Mary ou Henry fazer, mas nunca é demais para Cristo.

Só existe este momento, o momento da Cristicidade. É impossível viver no ontem ou no amanhã. O que somos neste instante é o que constitui nossa vida e, portanto, há apenas um tempo no qual podemos viver, e este tempo é agora, neste instante.

Lemos em Isaias "[...]embora os seus pecados sejam vermelhos como escarlate, se tornarão brancos como a neve". Na mesma linha, o Mestre disse ao ladrão na cruz: "Hoje mesmo estarás comigo no paraíso". Esses exemplos são indicativos de um único ponto, ou seja, que vivemos num constante agora. O ontem não existe. Na verdade, mesmo uma hora atrás não existe e, portanto, todas as coisas que pertenciam a ontem ou há uma hora estão tão mortas quanto o jornal de ontem; elas não mais nos pertencem, a menos que as revivamos neste momento.

É importante mantermos nossa integridade no mais alto grau a todo instante. Ao cometermos um erro, vamos nos empenhar para que isso não aconteça novamente. Somente o que trazemos para o presente pode nos machucar, não pode nos machucar o que aconteceu no passado, mas, sim, o que trazemos para o presente do que aconteceu no passado. Se cada um de nós pudesse começar novamente cada dia com a percepção "Eu e meu Pai somos um", nossos erros de ontem não fariam diferença desde que não se repetissem hoje. Apenas quando revivemos o ontem e o trazemos para hoje é que os erros nos machucam. Não podemos viver contando com o maná de ontem nem sofrer com a falta dele. Só conta o que somos, o que temos e o que vivemos neste instante, pois o ontem está somente na nossa memória. Revivemos o passado ao cometermos hoje os mesmos erros de ontem.

Se revivermos nosso ódio, nosso medo e nossa animosidade de ontem, eles estarão vivos e ativos em nossa vivência do hoje, nos sujeitando à punição das leis cósmicas, uma vez que entramos em desarmonia com as Leis do Cristo. Porém, neste momento, lembremo-nos de que:

> *O ontem se foi para sempre; o amanhã nunca virá; há apenas o hoje; e hoje o amor é a plenitude da lei. Neste momento eu reconheço o Cristo como meu ser; eu O reconheço como a vida do meu amigo ou inimigo; eu só reconheço o Cristo.*

Portanto, neste instante, somos a consciência do Cristo, estamos alinhados com a lei cósmica, e todo o poder da Divindade flui através de nós para "perdoar nossas ofensas assim como nós perdoamos a quem nos tem ofendido, para não nos deixar cair em tentação", nos mantendo na direção da realização espiritual. Vamos nos ater fielmente à Cristicidade. "Ide e não pecai mais." Não faz diferença quão graves nossos pecados foram a um momento atrás se, neste momento, reconhecemos o Cristo — Cristo como onipotência, Cristo como nosso ser individual, Cristo como o único poder em nossa experiência. Só assim somos os Filhos de Deus, assim estamos alinhados com o poder cósmico, e todas as forças do mundo se unem para nos defender, nos apoiar, nos sustentar e nos manter.

"Nem eu vos condeno, mas ide e não pecai mais." Esta é a hora do nosso arrependimento. "Convertei--vos e vivei." Este é o nosso momento de aceitar o Cristo; é o momento de decidir a não nos entregarmos mais ao ressentimento, à vingança ou à retaliação, nem nos vestirmos com qualquer armadura que nos defenda da maldade ou dos pensamentos de alguém, pois, neste momento, estamos em nossa Cristicidade. Não só estamos em nossa própria Cristicidade, mas na de todos os seres, pois só estamos em nossa Cristicidade se acreditamos que Ela está também nos outros. Quando vemos Cristicidade no universo, quando vemos Cristo aparecendo na forma humana, animal ou vegetal, todo o poder do cosmos atua em nós. Ele fará maravilhas até mesmo em nosso corpo ao levantá-lo, ressuscitá-lo, resgatá-lo e espiritualizá-lo, de modo que até mesmo o corpo torna-se o templo do Deus vivo e não mais carnal ou mortal. O corpo carnal se transforma em sua realidade espiritual apenas no momento da Cristicidade.

O ontem se foi. Velhos dias se foram. Nossas animosidades, ciúmes, brigas, o que é isso? Em circunstâncias normais representam apenas a ignorância humana; mas o que acontece quando são causadas por aqueles que reconheceram o Cristo? Tornam-se maldade espiritual no mais alto grau. Se uma pessoa aceita o Cristo, coloca o Manto e adota a Cristicidade e depois volta a cometer os erros humanos, uma dupla punição é exigida porque ela entendeu a Lei e conscientemente a violou. Agora, sim, está pecando conscientemente e não por ignorância. A palavra final é "Ide e não peques mais".

Esta vida não é nossa. Esta vida é de Deus. Pertencemos a Deus, e Ele é responsável por nossa vida e por nossa plenitude. Tudo de bom que acontece em nossa vida é Deus em ação; o mal acontece quando a palavra "eu" é introduzida: eu, John; eu, Mary; eu, Henry. Não cabe a nós nos vangloriar nem nos condenar ou assumir responsabilidade. Quando a responsabilidade vem, não deixemos que o "eu" humano se mostre e diga: "Como posso fazer isto? Como posso aperfeiçoar aquilo? Não tenho forças e nem dinheiro suficiente". Jesus não permitiu que a palavra "eu" sobressaísse quando Ele foi chamado para alimentar as cinco mil pessoas; pelo contrário, reconheceu que não poderia fazer nada sozinho.

À medida que estudamos, lemos ou meditamos, desenvolvemos um estado de consciência que reconhece o Pai interior como o único ator e a única atividade; assim estamos preparando o caminho para uma verdadeira experiência de Deus. No momento em que temos uma experiência de Deus, não vivemos mais nossa própria vida: Deus vive Sua vida sendo nós.

Nossa única função é ficar calmos e silenciosos. É como olhar sobre os ombros e observar Deus realizar tudo. Ao nos tornarmos espectadores de Deus e de Sua atividade, todo o sentido de responsabilidade pessoal cai por terra. Toda manhã começamos nosso dia com um sentimento de esperança de que o Pai irá se apresentar a nós. Frente a uma tarefa; sorrindo nos lembraremos que Aquele que nos deu tal tarefa, a executará. O dia inteiro é preenchido com a alegria de observar a glória do Pai se desdobrando através de nossa experiência individual.

Nós nos tornamos espectadores de Deus com a nossa própria aparência. E o que dizer de todas as pessoas mundo afora com quem entramos em contato todos os dias? Elas representam o nosso conceito finito de Deus, mas são, na verdade, Deus manifestado como o Filho: o Pai e o Filho sendo um só; Deus, o Invisível e o Filho, o visível. Enxergar isso é ser capaz de viver como um espectador de Deus realizando o que nos é dado a fazer, um espectador de Deus como lei divina de harmonia. Esta lei de ajuste atua revelando a harmonia eterna toda vez que a colocamos em prática, nos relacionamentos em família, na comunidade e no trabalho.

Cabe a Deus verificar se somos gratos uns aos outros, se cooperamos uns com os outros, porque essas atividades são do amor, e o amor é de Deus, não do homem. O homem é apenas o veículo para que o amor se expresse. Cristo é a força motivadora de nossa vida; portanto, não somos nós que seremos louvados ou censurados, mas Cristo. Se, contudo, este Cristo não é compreendido, pode ser condenado. Mas não há condenação para quem sabe que apenas o Cristo está atuando nele, pois no amor e na graça de Cristo qualquer condenação pode ser dissolvida.

Somos unidos a tudo e a todos no mundo quando constatamos que tudo deve vir de Deus e só pode vir Dele. O medo e a preocupação por não termos conhecimento ou sabedoria suficientes para desempenhar nossas responsabilidades são dissipados quando percebemos que não é a nossa sabedoria ou nosso conhecimento, mas a sabedoria, a compreensão, a justiça e a benevolência de Deus que governam todos nós. Toda questão gira em torno do uso e do significado das palavras "eu", "mim", "meu", minha sabedoria, minha força, minha compreensão; sua apreciação ou sua gratidão e se já aprendemos o bastante para perceber:

> *Não me importa se alguém é grato, amoroso ou é justo. Renuncio a tudo isso. Busco amor, justiça, reconhecimento, recompensa e compensação em Deus e de Deus.*

No momento em que tomamos essa atitude, nos libertamos do mundo.

O maior Mestre disse: "Minha doutrina não é minha, mas é do Pai que me enviou. Se eu falo por mim mesmo, sou testemunho de uma mentira". Isso nos ensina que só Deus pode realizar, amar, pensar, curar, alimentar, suprir; somente Ele pode expressar sabedoria e alegria. Podemos fazer todas as coisas através de

Deus, mas sem Ele, não podemos fazer nada; somos o veículo através do qual Ele se manifesta.

Finalmente, é preciso abrir mão do sentido pessoal do ego com sua carga pesada de responsabilidade e deixar a divina Presença assumir. Devemos começar agora, porque tudo o que acontece, acontece agora. Neste minuto comecemos a perceber que:

> *Apenas Deus age como meu ser; apenas Deus age como todas as pessoas na face da terra. Não mais me prendo às pessoas em minha experiência; deixo todos irem e só busco em Deus aquilo que, até então, eu esperava dos homens.*

Esse é o segredo da vida.

Esse é o segredo do primeiro mandamento. Apenas Deus é poder: nunca adore o efeito; adore apenas a Deus. "Deixai-vos do homem cujo fôlego está nas suas narinas, pois em que se deve ele estimar? Não ponha vossa fé em príncipes." É do agrado do Pai dar-nos o Reino. Por que, então, buscá-lo no homem? Por que buscar no homem aquilo que é do agrado do Pai nos dar? Por que buscar nos pais, filhos, parentes ou amigos, se todo o tempo nossa plenitude está em Deus?

No momento em que optarmos pela vida do Espírito, a suficiência através de Cristo, nenhuma das coisas que afligem o mundo irá nos afligir. Entramos, nesse momento, na unidade com a Lei espiritual. Buscamos o Eu do nosso próprio ser para preencher cada uma de nossas experiências, entregando toda responsabilidade ao nosso Cristo. Quando nos empenharmos em libertar todos da escravidão da crítica, condenação e julgamento, o mundo inteiro poderá entrar em colapso, mas não onde nós estivermos e nem perto de nossa morada. À medida que estivermos dispostos a abrir mão das coisas e das pessoas deste mundo, nos libertaremos.

Libertando o homem cuja respiração está em suas narinas, ele nunca mais será um problema. As pessoas se ressentem, lutam e resistem a nós, somente na proporção em que as prendemos. No instante em que lhe damos a liberdade ao dizermos: "Você não me deve nada; meu bem é de Deus, então vamos viver juntos e compartilhar," nos livramos de todo ódio, de toda inveja e de todo ciúme. E, o mais importante, vivemos na união consciente com Deus.

Esse é o segredo da vida espiritual. É o segredo da vida mística. "Eu e meu Pai somos um", e tudo que o Pai tem é meu. Isso tem a ver com alguém mais no mundo? Quando nossa confiança está em Deus nunca nos desapontamos, pois Deus nunca falha com ninguém. "Nunca vi um justo pedindo pão." Os justos vivem em obediência à Lei espiritual, a lei de não ter outros deuses senão a *Mim*, amando seu próximo como a si mesmo, orando por seus inimigos, perdoando setenta vezes sete, não prendendo ninguém em cativeiro, buscando apenas o Cristo quando carentes de algo. A pessoa que vive assim nunca mendigará por pão.

Isto constitui a justiça: a união consciente com Deus, a percepção de Deus como Pai ou como o princípio criativo; a percepção Dele como apoio e suprimento, como saúde de nosso corpo; a percepção de que nosso suprimento vem de Deus, que só Ele pode amar e, portanto, não precisamos buscar o amor nos homens, mas deixar fluir o amor do Pai através de nós para os homens, sem exigir recompensa, pois o amor vem Dele e não de nós.

O Caminho é o sigilo e o silêncio. Dentro de nós há um profundo poço de contentamento, um imenso silêncio que tudo envolve, no qual podemos descansar e através do qual nos vem o bem. Busque a Presença de Deus e descanse; busque a consciência da Sua Presença. "Na quietude e na confiança estará a nossa força." Ele nos conduz junto às águas tranquilas e em verdes pastagens onde podemos descansar das contendas, das lutas e dos esforços, e contemplar a glória de Deus se levantando sobre nós. Esse é o significado embutido no Caminho Infinito. Compreendendo isso, entramos no santuário onde nem o ruído do mundo, nem as preocupações nos alcançam. Onde fica esse lugar? Fica nas profundezas de nossa própria consciência, nas profundezas de nossa própria Alma, quando nos abstemos dos dissabores, das lutas e das preocupações.

X. Uma visão para se contemplar

No início dos tempos, no Jardim do Éden, o homem era completo, inteiro e harmonioso — um com Deus. Pela graça de Deus tudo florescia em perfeita paz. Hoje, o que o homem vem tentando alcançar em sua busca de Deus é o restabelecimento desse estado edênico de paz e harmonia, um estado em que não há guerra, mas amor; um estado em que não se tira nada dos outros, mas, sim, se compartilha.

Ao encontrar um poder sobrenatural, o homem espera conseguir recuperar o antigo estado de bem-aventurança na terra. Deve ficar claro, contudo, que em sua tentativa de encontrar harmonia, ele age de maneira errada e no lugar errado. A harmonia individual e a paz do mundo nunca serão estabelecidas pela busca de um poder sobrenatural. É preciso voltar ao seu estado edênico original, isto é, sua unidade com Deus.

Centenas de anos de frustrações e fracassos já deveriam ter mostrado ao mundo que essa não é uma função de Deus: é nossa função restabelecer o relacionamento original de unicidade. O Mestre disse: "Conhecereis a verdade e a verdade vos libertará". Em nenhum lugar Ele mostra que a responsabilidade é de Deus. Repetidas vezes Ele reitera que a responsabilidade é nossa: "Vós conhecereis a verdade[...] Vós amareis o Senhor teu Deus[...] Vós amareis o vosso próximo como a vós mesmos[...] Vós deveis orar pelos inimigos[...] Vós deveis perdoar setenta vezes sete[...] Vós deveis dar o dízimo dos vossos ganhos". Em nenhum momento Ele coloca a responsabilidade da nossa separação de Deus sobre Deus, mas sobre nós. Todo o ensinamento de Jesus Cristo é direcionado para nós não para Deus, mas para nós.

Contudo, para que não tropecemos, o Mestre nos apontou o caminho, o lugar, a hora e a maneira de demonstrar essa unidade: o caminho é a oração; o lugar é o Reino de Deus dentro de nós; a hora é agora neste momento de Cristicidade e a maneira é a ação. No início, os segredos revelados aos homens e às mulheres inspirados por Deus devem ter ser sido ensinados através da revelação, a chamada letra da verdade. Através dessa verdade aprendemos a parar de buscar a Deus a esmo, a não mais pedir alguma coisa a um Deus distante e a deixar de acreditar que Ele pode ser influenciado pela nossa adoração; reconhecemos não só que Deus existe, mas que Ele é o Ser interior do nosso próprio ser; não um Deus separado de nós para ser adorado de longe, mas, na verdade, mais perto de nós do que nossa respiração, mais próximo do que nossas mãos e pés.

A letra correta da Verdade nos impede de nos entregarmos a devaneios ou à falsa esperança de que algum milagre nos trará Deus ou o Seu mensageiro em uma nuvem, usando uma varinha mágica, fazendo com que todos os nossos problemas desapareçam. Ao contrário, a simples verdade do Mestre nos leva a focar na única direção onde podemos encontrar paz e harmonia — dentro de nós mesmos. Quando nossa atenção se desloca de fora para dentro, nós podemos dar o próximo passo ensinado por todos os grandes mestres: busque Deus dentro de você; bata, se necessário, implore, mas sempre dentro de você.

A visão da unidade deve ser sempre um farol de luz em nosso caminho ascendente: "Eu e meu Pai somos um". Através da contemplação do Pai interno, "Eu e meu Pai" se moldam definitivamente e se mesclam em um só, e a antiga unidade é estabelecida. "Eu e meu Pai somos um", portanto, não é mais uma percepção intelectual, mas uma relação manifestada visivelmente pelos frutos dessa unidade. Não mais buscamos nem precisamos de favores; o Espírito interior se desdobra, se revela, se expande agindo em nós e através de nós. A aceitação de um poder do bem e um poder do mal não mais nos escraviza; descansamos serenamente em um único poder, pois não há mais poderes contra os quais lutar nem aos quais temer! É por isso que não precisamos rezar para um grande poder interceder por nós. Aquilo que, durante séculos, o mundo considerou poder e para o qual ele foi buscar um Deus, não é poder. O Poder está na pequena voz silenciosa.

Em algum momento dessa busca por Deus, essa união indissolúvel com o Pai começa a ser reconhecida e sentida. A letra da verdade se torna menos importante à medida que o Espírito se torna vital. O Espírito que, até então, conhecemos apenas através da leitura, ganha vida em nós, e nós vivemos na verdade que, quando praticada, torna-se a própria Presença de Deus, revelado como o princípio criativo, mantenedor e sustentador, não nosso servo a conceder favores, mas a sabedoria infinita do universo, o amor divino em tudo que há.

A mensagem messiânica dada ao mundo há dois mil anos atrás está se cumprindo em nós agora: Deus é amor. Nenhum Deus pode atuar em nossa experiência a não ser através do amor, e nós precisamos nos tornar o instrumento através do qual esse amor pode fluir. Daí em diante, o mandamento "Amarás o Senhor teu Deus de todo o teu coração e ao teu próximo como a ti mesmo" só terá significado para nós na proporção do nosso amor. Apesar desse mandamento ser conhecido há milhares de anos, chegou a hora de ser posto em prática hoje, agora, neste momento de Cristicidade. A repetição mecânica dessas palavras deve dar lugar a um mandamento vindo do coração e vivido em obediência à imposição do Mestre: "Faça aos outros aquilo que gostaria que fizessem a você[...] Perdoe setenta vezes sete[…] Não condene[…] Não julgue".

Deus não faz milagres, exceto o milagre que se torna evidente na vivência de nossa unidade com Ele. Esse é o milagre. Conhecer a verdade com a mente não garante que ela começará a agir: o Espírito reina, e o amor é glorificado somente quando a verdade sai da mente e penetra o coração. A letra da Verdade serve como um lembrete para que vivamos essa Verdade. Há momentos em que, por nos considerarmos afastados de Deus, a Verdade parece estar tão distante que é preciso nos aquietar, meditar e, conscientemente, lembrar que o Senhor, dentro de nós, é poderoso.

O que estou buscando? Um deus em algum lugar? Não! Deus É! O Filho de Deus já está cuidando das coisas do Pai, e tudo está no seu devido lugar. O que estou buscando? Um Deus mitológico no céu? Uma estátua? Uma escultura? Estou procurando por um homem ou uma mulher para influenciar a Deus em meu nome? Não, eu e o Pai somos um e apenas na minha unidade com Deus posso ter a paz que desejo; só na plenitude dessa unidade, desse amor que existe entre Deus e Seu Filho e entre o Filho de Deus e Seu Pai; apenas na percepção de que meu Pai celestial está mais perto de mim do que a respiração e mais próximo do que minhas mãos e meus pés, e que é de Seu agrado dar-me o Reino; apenas nisso o amor flui, um amor que parece estar fluindo de mim para Deus e voltando de Deus para mim, mas que na verdade é uma interação dentro da unidade do meu ser na percepção da minha unidade com o Pai

O Mestre nos ensinou que os seres humanos por si mesmos nada podem fazer, mas unidos com o Pai interno se tornam um. Unidos podem fazer todas as coisas, como Filhos de Deus eternos e imortais. Somente quando o Espírito de Deus está sobre nós e habita em nós, é que nos tornamos Filhos de Deus.

E quem pode fazer isso por nós a não ser nós mesmos? O caminho que nos foi dado é a oração e a meditação — uma forma iluminada de oração — tal como Elias ensinou Eliseu: "Olhe para o alto e veja se consegue me ver sendo levado num redemoinho. Levante os olhos para os montes de onde vem o seu socorro. Eis que o Reino de Deus está dentro de você".

Eliseu desejava o manto de Elias, o manto de Cristicidade, isto é, ansiava ser profeta. Quando Elias estava prestes a se elevar a um estado superior de consciência, Eliseu pediu-lhe um grande favor: que o manto de Elias lhe fosse dado. Mas Elias, um dos seres mais iluminados de todos os tempos, sabia que não podia simplesmente dar-lhe seu manto, mas que Eliseu deveria estar pronto para merecê-lo. Para tal, Elias lhe mostrou: "Se me vires quando eu for tomado de ti, assim se te fará; se no momento que eu sumir de vista, me vires como eu sou, desaparecendo numa nuvem, meu manto cairá sobre teus ombros".

Elias não poderia conceder sua grande sabedoria espiritual nem mesmo a Eliseu, mas este poderia adquirir a consciência espiritual para si mesmo se sua visão pudesse subir tão alto a ponto de reconhecer que não há morte, não há separação: há apenas uma ascensão na consciência. Se ele próprio pudesse ascender a esse nível supremo de consciência, se tornaria um profeta à altura de Elias. E ele conseguiu. Iluminou-se a tal ponto que viu Elias subindo ao céu num redemoinho e, em virtude da sua unidade consciente com Deus, viu a imortalidade do ser individual e a eternidade do homem em sua plenitude.

É nossa responsabilidade contemplar a visão e, em seguida, colocá-la em prática. Sempre houve e sempre haverá mestres; os iluminados sempre estiveram no meio de nós, mas o Mestre disse que são poucos os operários. São poucos os operários dispostos a se reconciliar com Deus, dispostos a contemplar a Alma dentro de si e deixá-la transbordar em atos de amor. "Se alguém disser: 'Eu amo a Deus' e odiar a seu irmão, é um mentiroso, pois aquele que não ama a seu irmão a quem vê, como pode amar a Deus, a quem não vê?" Se o Mestre não tivesse lavado os pés dos discípulos, o mundo nunca teria aprendido que a função do Mestre era servir. A função do iluminado é servir aqueles que ainda não conhecem sua verdadeira identidade. Nossa função como buscadores de Deus e aprendizes da Verdade não é ser um mestre das multidões, mas um servo para as multidões; delas nada tirando, mas, sim, a elas doando.

O Reino de Deus não está aqui ou ali, mas dentro de nosso próprio ser, e o encontraremos através do amor: ame o Pai que está dentro de você e manifeste esse amor amando seu próximo, o próximo que não é apenas seu amigo, mas o próximo que é seu inimigo e aquele que acintosamente o persegue. De acordo com o Mestre, é melhor dedicar tempo e atenção a um único pecador humilde do que àqueles noventa e nove que se consideram autossuficientes. Enquanto houver um único indivíduo, santo ou pecador, buscando ajuda, é nosso dever atender a esse pedido. Se alguém não está pronto para responder ao nível espiritual, não está pronto para o completo desabrochar da Verdade, mas, por ser nosso próximo, podemos pelo menos ajudá-lo a evoluir em seu nível de consciência. Com paciência esperemos um ou dois virem a nós doze, — setenta, duzentos — e, então, compartilhemos com eles o pão da vida, o vinho e a água. Esses, sim, serão capazes de saborear, desfrutar e assimilar essa oferta.

Ao encontrarmos a Verdade vamos guardá-la como uma pérola de grande valor e mostrá-la ao mundo através de nossa vivência. Quando alguém se aproxima atraído não só pelos pães e peixes, mas por ter percebido a natureza dessa Verdade e pede pão, água, vinho e vida eterna, vamos compartilhá-la da melhor forma. Ninguém será chamado para fazer algo maior do que seu entendimento, porque seus lábios só expressarão aquilo que o Espírito do Senhor Deus lhe inspirar no silêncio para o qual foi convocado. Caso contrário, não dirá nada.

O amor é a resposta: o amor a Deus, o amor à Verdade, o amor ao nosso próximo. De agora em diante, nós, que estamos praticando a Presença, deveremos ter como missão revelar que experimentamos Deus à medida que O expressamos, isto é, quando O deixamos fluir através de nós na forma de amor, verdade, serviço e dedicação. O poder do amor só pode ser liberado de dentro de nós.

A Presença de Deus se torna disponível na terra como no céu através da experiência da união consciente. Isso requer esforço e sabedoria maiores do que demonstrou Eliseu quando viu seu mestre subindo num redemoinho ou, mesmo, uma visão mais ilimitada do que os discípulos tiveram quando testemunharam a Transfiguração. O Mestre foi capaz de se transfigurar, mas para que os discípulos tivessem a visão e pudessem contemplá-la, algo maior foi necessário. O Mestre não podia revelar a transfiguração; só podia experimentá-la; para testemunhar a revelação, ela só poderia acontecer na consciência dos discípulos.

Muitos milagres podem ocorrer em nossa experiência, mas apenas as pessoas suficientemente sintonizadas se darão conta do que aconteceu. Temos olhos e não vemos? Temos ouvidos e não ouvimos? O milagre da Transfiguração só precisa ser contemplado. Ela acontece neste mundo a cada dia, a cada minuto de cada dia e no exato lugar onde estamos se, ao menos, abrirmos nossos olhos para contemplá-la. A Transfiguração não é uma experiência de dois mil anos, nem tão pouco a Crucificação, a Ressurreição ou a Ascensão. Essas experiências ocorrem a cada momento de cada dia onde quer que haja um ser iluminado para vê-las.

O lugar em que estamos é solo sagrado se tivermos a visão para contemplar Elias subindo, a visão para contemplar o Mestre na experiência da Transfiguração, da Ressurreição e da Ascensão. Só depende de nós: depende de você, depende de mim. Até que ponto queremos ver a Transfiguração? Até que ponto queremos testemunhar a Ressurreição e a Ascensão? Nossa experiência acontecerá nessa proporção. O que isso significa? Oração — a oração de contemplação interior, a oração da meditação, a oração da expectativa de saber que o Pai se revela sempre e a qualquer momento.

Deus não força a Si mesmo na mente, no coração ou na Alma de ninguém. É o homem que deve se abrir para Ele. A vida de Gautama, o Buda, ilustra isso. No dia em que Gautama percebeu que havia mal no mundo — pecado, doenças, pobreza e morte — ficou horrorizado, atormentado de tal forma que deixou sua posição de príncipe, sua enorme riqueza e, provavelmente, o que é mais importante para qualquer homem, sua esposa e seu filho. Abandonou tudo isso e se afastou como um mendigo, buscando a verdade, com o propósito de descobrir o grande segredo que removeria da terra o pecado, a doença e a limitação.

Foi um apelo tão forte que ele seguiu todo e qualquer mestre ou ensinamento que prometesse levá-lo à resposta. Por vinte e um anos vagou e vagou, sentado aos pés de um mestre e depois de outro, seguindo as práticas aprendidas uma após a outra, sempre com um coração faminto: qual é o poder que irá remover os males da terra? Depois de perder toda esperança de que os ensinamentos e os mestres lhe dariam a resposta, depois de ter se sentado debaixo da árvore, Bodhi meditou dia e noite até que a grande revelação lhe foi dada: tais males não são reais, são ilusões; as pessoas os aceitam e, como consequência, odeiam, temem e idolatram esses males, quando, na verdade, eles só existem na mente do homem. A mente do homem criou as condições do mal no mundo e as perpetuou.

Não foi Deus que Se impôs sobre Gautama e fez dele o iluminado Buda. Foi a devoção e a paixão de Gautama na busca de Deus, evidenciadas pelo sacrifício de si mesmo, de sua vontade de viajar por toda a Índia, procurando alguma pequena faceta da verdade até que, naquele momento, ao atingir um grau suficiente de iluminação espiritual, a Verdade se revelou a ele.

Na realidade, não sabemos o que levou Jesus Cristo à experiência que finalmente O firmou em sua completa Cristicidade; mas isto nós sabemos: quando Ele veio para revelar o que tinha aprendido, disse: "Pedi e vos será dado, procurai e achareis; batei e vos será aberto", indicando que é à medida que buscamos, batemos e almejamos, na proporção em que caminhamos para dentro de nós mesmos, a resposta nos é revelada. Isso não acontecerá se esperarmos que algum Deus se imponha sobre nós.

Se quisermos nos tornar mestres em música, idiomas ou arte, Deus pode nos inspirar, mas cabe a nós pesquisar, estudar e praticar, até que aquilo que estamos buscando se abra de dentro do nosso próprio ser. Acredito que Deus é quem planta em nós o desejo de encontrá-Lo; se Ele não executar essa função inicial, nunca teremos sucesso. Há um poder divino em cada um de nós nos estimulando a "bater e buscar", mas não é Deus que pode fazer isso por nós e nem nos poupar de anos de meditação para levantar o véu e alcançarmos o estado superior de consciência; passamos, então, a contemplar Jesus ressuscitado, o

Cristo ascendido. A partir de uma inspiração divina, Gautama persistiu, lutou e orou por vinte e um anos até que o véu se levantou clareando-lhe a visão.

O mesmo acontecerá conosco. Nenhum Deus milagroso e distante descerá à terra para nos mudar e revelar Suas maravilhas e Suas glórias se ficarmos sentados de braços cruzados. A responsabilidade é sua e minha. O simples fato de nos sentarmos por horas em silêncio e em paz com a mensagem de Deus já é prova de que fomos tocados pelo Seu Espírito e convidados para o banquete. O grau e a intensidade com que batermos, buscarmos e desejarmos determinará o grau da visão a contemplar. Alguns verão um pouco, outros verão bastante e ainda outros verão tudo, cada um na sua medida.

Acima de tudo, o sucesso irá depender do sigilo de mãos dadas com o sagrado. Se a busca por Deus é sagrada para nós, nunca permitiremos que ela seja contaminada ao ser exposta ao mundo. Não usaremos um manto sagrado em público, nem teremos uma postura hipócrita diante de nossos amigos. Exteriormente iremos parecer como todas as outras pessoas, mas interiormente nos lembraremos da natureza sagrada da busca de Deus e a manteremos em segredo, demonstrando-a apenas por nossos atos. Isso não significa que não devemos oferecer um copo d'água, mas ao fazê-lo, lembremo-nos de que quem a recebeu terá que beber por si mesmo, voltar e pedir mais, por sua própria vontade.

Cada um tem o direito de escolher, caso queira, o tipo de religião a seguir. Essa é a liberdade que devemos dar a cada um, permitir que tenham sua própria vontade, até que a semente seja plantada, enviando-os em busca do Santo Graal. Se mantivermos o Cristo-criança dentro de nós e O expusermos pelos nossos atos, Seus frutos serão tão gloriosos que as pessoas virão atrás de nós para comer de nossos frutos, de nossa carne e de nosso pão e beber de nossa água.

O objetivo da busca é a união. Desejamos nos *reunir* àquele de quem nos separamos após a expulsão do Jardim do Éden ou após a experiência do filho pródigo. Só quando o filho atinge o fundo do poço, a profunda pobreza, é que os seus passos se voltam para a casa do Pai para se *reunir* com Ele. Essa não é uma experiência no tempo ou no espaço; é o que acontece na minha e na sua consciência hoje. Quando atingimos o lugar onde parece haver só desespero até mesmo a morte, algo dentro de nós nos faz voltar à vida espiritual e lentamente começamos a percorrer o caminho de volta à casa do nosso Pai.

Nós, aspirantes no caminho espiritual, sabemos que o Reino de Deus só pode ser encontrado interiormente e que, portanto, todas as formas externas são inúteis em nossa busca. A re-união com Aquele do qual parecemos estar separados não ocorre fora de nós e nem pode ser conseguida por outra pessoa, que não nós mesmos. Podemos encontrá-Lo apenas em nossas meditações e contemplações profundas, quando interiormente nos tornamos doces e experimentamos um profundo amor que quase nos faz abraçar o mundo inteiro, como Jesus gostaria de ter feito pelo povo de Jerusalém: "Oh! quantas vezes eu quis abraçá-los, mas vocês não quiseram! Venham a mim e sintam o calor do amor". Descobriremos que, ainda hoje, são poucos os que se aconchegam nesse amor.

Nós, que praticamos a Presença, somos os poucos que sabemos o que, finalmente, salvará o mundo. É, acima de todas as coisas, o reconhecimento de que nenhum homem na terra é nosso pai; dentro de nós, há um Pai universal e unidos a Ele estamos unidos a cada um dos Seus filhos espirituais em todo o mundo. Nosso amor a Deus constitui o nosso amor a todas as pessoas. Não odiamos, não tememos, não punimos nem nos vingamos; precisamos apenas nos interiorizar e contemplar nossa unidade com Deus e com o próximo.

Nossa função é amar, amar todas as pessoas com um amor que nasce da percepção de que nossa união com Deus constitui nossa integridade. Nesse amor não há tentação para recorrer a meios desonestos, num esforço inútil para nos manter, porque, em nossa união com Deus, acessamos a mente de Deus, que é infinita inteligência e fonte de toda vida, verdade e amor. Somos alimentados não por nossa posição ou nossa riqueza, mas pelo pão, pelo vinho, pela água e pela carne que estão dentro do nosso próprio ser.

Esse é o segredo que cura as doenças, reforma o pecado, supera a falta e a limitação e nos une, não apenas com nossos parentes e amigos, mas com todas as pessoas da terra, mesmo que elas ainda não conheçam a nós nem o amor que sentimos por elas; mas nós sabemos e nosso conhecimento é suficiente para ser transmitido àqueles dentro do nosso círculo.

Oramos e meditamos em silêncio, olhamos para o mundo sem usar qualquer espécie de força, nem mesmo mental, e abdicamos de toda oposição; a renúncia ao uso dos artifícios do mundo é o único meio para estabelecer a paz na terra. Pode levar anos, até mesmo séculos, antes que Ele venha, isto é, antes que seja manifestado na terra como no céu, porque o número de pessoas neste vasto universo praticando, conscientemente, a Presença, ainda é pequeno. Esse fermento, contudo, por pouco que seja, deve atuar em toda a massa.

Você não sente que, ao perceber profundamente a Verdade que está lendo, será inspirado a vivê-la? Não sente que onde quer que esteja, no tempo e no espaço, se amar a Deus a ponto de permanecer muitos períodos do dia, ainda que breves, habitando no templo de seu próprio ser com essa Presença, as pessoas serão atraídas a você? Como indivíduo, você pode ser levado a acreditar que nada pode fazer por ser apenas um dentre bilhões. Mas se você olhar para as grandes luzes espirituais do passado, entenderá o quanto isso é falso, ao ver como alguém chamado Gautama, o Buda; alguém chamado Jesus, o Cristo; ou como São Paulo influenciaram não apenas a sua própria geração, mas as gerações seguintes e influenciarão as que ainda estão por vir. Pense na influência que um único indivíduo pode ter através da graça de Deus, um indivíduo cujo único objetivo é encontrar Deus e resolver os mistérios da vida.

Essa é a mensagem que dou a você: eu não me importo quão grande e poderoso você seja — por si mesmo, você não é nada. Não me importo quão pequeno e insignificante você seja — você não é nada até que a graça de Deus o toque, até que o Espírito de Deus habite em você, até que o dedo do Cristo o mova. A partir daí, você é infinito — infinito em expressão, infinito e eterno em vida, infinito em poder, infinito em experiência, infinito como exemplo e como caminho. Mas nunca é você, nunca sou eu: é o Espírito de Deus que se expressa através da minha e da sua consciência. Toda Verdade permanece escondida até que encontre uma consciência através da qual possa fluir para o mundo dos homens.

Onde quer que eu viva, a Verdade permanecerá oculta, a menos que algum membro da minha comunidade seja o instrumento que a deixe fluir. Deus não atua sem uma consciência que o canalize: Ele precisa dos santos, sábios e videntes. Em outras palavras, Ele precisa de carpinteiros humildes, de príncipes poderosos, de simples donas de casa que se tornarão santas enviadas por Deus ao mundo para difundir a luz. Quase todos os que atingiram um grau maior de envergadura espiritual eram ilustres desconhecidos, elevados aos olhos do mundo pela luz inspiradora que experimentaram. Por eles mesmos, não eram nada; por você só, você não é nada; mas em sua união consciente com Deus, tudo o que Deus é, você é. Tudo o que o Pai tem é seu. O lugar exato onde você está é solo sagrado porque "eu e meu Pai" aí estamos.

O mais alto nível a se atingir na consciência é aquele onde a Presença espiritual entra no coração, e você se dá conta de que isso aconteceu — a Presença está dentro de você. Seu coração atinge uma nova dimensão quando você acolhe a Presença; entretanto, é sua responsabilidade alimentá-la para não perder o que ganhou. O que você ganhou é apenas um bebê e cabe a você deixá-lo evoluir até a plena Cristicidade: muitas vezes ao dia volte o seu pensamento para seu coração, não porque o seu coração físico tenha algo a ver com a manifestação espiritual, mas porque o coração é o símbolo do amor. Pensando assim, enquanto Cristo nele descansa, volte seu pensamento várias vezes ao dia para ele, reconhecendo que o bebê está lá glorificado, que o Cristo entrou e vive em você. É você que deve segurar o bebê para que não saia de seu coração e se perca. Ele está lá, mas é apenas um bebê: precisa ser cuidado, nutrido, reconhecido e amado por você. Observe-o crescer à medida que você aprende as formas de amar a Deus e as pessoas. Os dois maiores mandamentos jamais foram alterados: "Amarás o Senhor teu Deus de todo o teu coração, de toda a tua Alma e com toda tua mente. Amarás a teu próximo como a ti mesmo".

Nunca mais faça pedidos a Deus; deixe esse bebê fazer isso por você. Ele não terá que pedir, pois se transformará no próprio pedido. Não busque Deus em troca de favores ou de poderes estranhos para conseguir as coisas. Volte seu olhar agora para o lugar onde você já sentiu aquela doce Presença e sorria para Ela. Sagrada e secretamente reconheça que Ela está lá e que cumpre Sua função a serviço do Pai. Esse bebê é dado a você para restaurar os anos perdidos dos gafanhotos, reencaminhá-lo à casa do Pai e à sua união consciente com Deus.

A função do bebê é revelar que você está vivendo no Éden onde terá sempre uma única tentação: há apenas um mal no Jardim do Éden, apenas um pecado: a crença no poder do bem e do mal. Você, recolhido em seu próprio templo, deve poder olhar para a árvore do conhecimento do bem e do mal em todos os momentos e resistir à tentação de acreditar nela. E você deve conseguir dizer:

> *Por mais bonito ou feio que você se apresente, agora eu sei que isso não é verdade. Não há poder de bem ou mal na aparência externa, isto é, em alguém, em algum lugar, em alguma coisa, circunstância ou condição. Deus em mim é o único bem, o único poder e a única Presença. O único mal que existe é a crença num ser ou condição separado e fora de Deus.*

Mesmo quando você tiver superado todas as formas nas quais essa tentação se apresenta, os problemas do mundo o tentarão: tempestades no mar, desastres, guerra, pobreza e doenças. Qualquer que seja a forma, sempre será a única grande tentação: aceitar dois poderes. Nessa hora você deve se voltar para o Cristo interno:

O Cristo dentro de mim é a certeza de que há apenas um poder — o Filho de Deus, o Espírito de Deus em mim. Ele nunca me deixará, nunca me abandonará, desde que eu O perceba e O reconheça enquanto viver a vida que Ele me diz para viver. Eu busco por Sua orientação, por Sua sabedoria. Sempre que uma dúvida se apresenta à minha mente, eu me volto ao meu coração e a resposta vem na melhor forma.

Não interprete tudo literalmente. Às vezes sentirá a Presença olhando para você por cima de seu ombro ou sentada nele; outras vezes bem à sua frente, por vezes sorrindo, mas sempre reconfortante. Mantenha-A viva.

A Presença deste Cristo, dócil e delicado como deve ser, é a substância de toda experiência que você terá no plano externo. Não busque saúde, riqueza, fama ou fortuna. Busque, em primeiro lugar, a constatação do reino interior e seja um observador de como essas coisas externas são acrescentadas à sua experiência. Não hesite em pedir revelação a Ela. Por que a revelação não seria concedida a você se foi concedida a outros no passado? "Deus não tem preferências". Gautama apenas se tornou o Buda porque trabalhou durante vinte e um anos para receber a iluminação; Jesus se tornou o Cristo porque deu a si mesmo ao mundo; e você se tornará o que quiser, dependendo do grau de amor que tem por Deus e pelo próximo. Você será o que permitir ser apenas reconhecendo que, por si mesmo, nunca será nada; esta Presença suave que sentiu o levará de volta à união consciente com Deus.

Você sabe qual é o objetivo da vida: unir-se novamente ao Pai e ser, conscientemente, Um com Deus. Você conhece o caminho: a contemplação interior e a meditação, o reconhecimento de Cristo, o amor a Deus e o amor aos homens. Na sua mente, traga sempre os princípios consigo, e no seu coração habite no dom que lhe foi concedido pelo Pai: a percepção da Presença dentro de você. Ela aumentará sempre que você A abençoar.

Sobre a tradutora

Glaucia Braga Maggi é estudiosa da obra de Joel S. Goldsmith e grande admiradora dos ensinamentos deixados pelo autor. Seu desejo de conhecer mais sobre Goldsmith a levou em busca de outros livros de sua autoria que estavam esgotados no Brasil. Vendo a necessidade que seu grupo de estudos tinha em ter acesso às obras, começou a traduzi-las para estudarem e meditarem juntos. *Praticando a Presença* é sua primeira tradução publicada pela Editora Martin Claret e revisada, entre outros, por Vera Maria Valsechi, estudante do Caminho Infinito e também conhecedora das obras de Goldmisth.

CONTINUE COM A GENTE!

- Editora Martin Claret
- editoramartinclaret
- @EdMartinClaret
- www.martinclaret.com.br

IMPRESSO EM PAPEL
Pólen
mais prazer em ler